BIRKAT HAMAZON

SEGÚN LA TRADICIÓN SEFARADÍ

Traducción: Rabí Aharón Shlezinger

Copyright © 2016 Hebraica Digital

All rights reserved.

ISBN: 1522942785
ISBN–13: 978-1522942788

ÍNDICE

I	**El Lavado de las Manos**	Pág. 9
	La Bendición por el purificado de las manos	Pág. 9
	La Bendición por el pan	Pág. 9
II	**Palabras de Torá**	Pág. 12
	Tres versículos del Pentateuco	Pág. 13
	Tres versículos de los Profetas	Pág. 13
	Tres versículos de los Escritos Sagrados	Pág. 14
	Palabras de Torá breves	Pág. 14
	Las Aguas Finales	Pág. 15
III	**La Invitación para Bendecir**	Pág. 18
	El vaso de Vino	Pág. 19
	Tres Comensales	Pág. 20
	Diez Comensales	Pág. 22
	Tres Comensales en Shabat	Pág. 24
	Diez Comensales en Shabat	Pág. 26
	Tres Comensales en Día Festivo	Pág. 28
	Diez Comensales en Día Festivo	Pág. 30
	Tres Comensales en Shabat Yom Tov	Pág. 32
	Diez Comensales en Shabat Yom Tov	Pág. 34
	Tres Comensales en Sucot	Pág. 36
	Diez Comensales en Sucot	Pág. 38

	Tres Comensales en Shabat Sucot	Pág. 40
	Diez Comensales en Shabat Sucot	Pág. 42
	Tres Comensales en *Jol Hamoed* Sucot	Pág. 44
	Diez Comensales en *Jol Hamoed* Sucot	Pág. 46
	Tres Comensales en Shabat *Jol Hamoed* Sucot	Pág. 48
	Diez Comensales en Shabat *Jol Hamoed* Sucot	Pág. 50
	Tres Comensales en un Banquete de Bodas	Pág. 52
	Diez Comensales en un Banquete de Bodas	Pág. 54
IV	**Birkat Hamazón**	Pág. 56
	Primera Bendición de Birkat Hamazón	Pág. 56
	Segunda Bendición de Birkat Hamazón	Pág. 58
	Agregado para Purim	Pág. 58
	Agregado para Januca	Pág. 60
	Tercera Bendición de Birkat Hamazón	Pág. 62
	Agregado para Shabat	Pág. 62
	Agregado para Rosh Jodesh y Festividades	Pág. 64
	Cuarta Bendición de Birkat Hamazón	Pág. 68
	Agregados para Shabat, Rosh Jodesh y Días Festivos	Pág. 70
	Bendición del invitado en casa del anfitrión	Pág. 74
	Agregado para una comida de bodas	Pág. 74
	Agregado para una comida por una circuncisión	Pág. 76
	Bendición por el Vino	Pág. 78
V	**Bendiciones por alimentos diversos**	Pág. 84

BENDICIÓN PARA DESPUÉS DE COMER PAN

Bendición inicial para frutas de árbol	Pág. 86
Bendición Inicial para vino	Pág. 86
Bendición Inicial para vegetales y hortalizas	Pág. 86
Bendición Inicial para alimentos que no crecen de la tierra	Pág. 86
Bendición Inicial para productos elaborados con harina	Pág. 88
Bendición Final para productos elaborados con harina	Pág. 88
Bendición Final para frutas especiales (uvas, higos, granadas, aceitunas y dátiles).	Pág. 94
Bendición Final por el vino	Pág. 98
Bendición Final Combinada: *Mezonot*, vino y frutas especiales	Pág. 102
Bendición Final Combinada: *Mezonot* y vino	Pág. 106
Bendición Final Combinada: *Mezonot* y frutas especiales	Pág. 110
Bendición Final Combinada: vino y frutas especiales	Pág. 114
Bendición Final para alimentos varios	Pág. 118

I

El Lavado de las Manos

Antes de comer pan se deben purificar las manos con agua. Para hacerlo se coloca agua en un recipiente, y se vierte agua primeramente con la mano izquierda sobre la derecha, (se acostumbra verter tres veces). Y después se hace lo mismo con la otra mano, es decir, se vierte agua con la mano derecha sobre la izquierda (también tres veces). Y cuando se arroja el agua sobre las manos para purificarlas, debe hacérselo con generosidad y abundancia, de manera que el agua llegue a toda la mano, y no quede ninguna parte seca, sin ser alcanzada por el agua.

A continuación se frotan las manos una contra la otra, y sin secarse, se las levanta a la altura de la cabeza, y se recita esta bendición:

«Bendito eres Tú, El Eterno, Dios nuestro, Rey del universo, que nos ha santificado con Sus preceptos y nos ha ordenado lo concerniente a la purificación de las manos».

Después se secan las manos, y se sienta a la mesa en silencio; se marca el pan con el cuchillo en el lugar a cortar, se apoyan los diez dedos sobre el pan, y se recita esta bendición:

«Bendito eres Tú, El Eterno, Dios nuestro, Rey del universo, que saca el pan de la tierra».

Inmediatamente se corta un trozo de pan, se lo apoya ligeramente en sal[1], y se come. Y no se debe interrumpir entre la bendición y el ingerido del primer trozo de pan.

Ninguno de los comensales debe hablar hasta comer el primer bocado de pan. Aunque el que corta y reparte el pan sea una sola persona.

A continuación se come la comida.

---

[1] Muchos acostumbran apoyar ligeramente el pan en sal tres veces.

נטילת ידים ובציעת הפת

כְּשֶׁיָּבֹא לֶאֱכֹל פַּת שֶׁמְּבָרְכִין עָלָיו הַמּוֹצִיא, יִטֹּל יָדָיו אֲפִלּוּ אֵינוֹ יוֹדֵעַ לָהֶם שׁוּם טֻמְאָה, וִיבָרֵךְ עַל נְטִילַת יָדַיִם (ש"ע א"ח קנח:א). וצריך ליטול יד ימין תחלה כדי שישתמש השמאל לימין (באר היטב). אַף עַל פִּי שֶׁשִּׁעוּרָם בִּרְבִיעִית יוֹסִיף לִטֹּל בְּשֶׁפַע (ש"ע א"ח קנח:י).

אֵין נוֹטְלִים לַיָּדַיִם אֶלָּא בִּכְלִי; וְכָל הַכֵּלִים כְּשֵׁרִים וְצָרִיךְ שֶׁיְּהֵא מַחֲזִיק רְבִיעִית (ש"ע א"ח קנט:א).

צָרִיךְ שֶׁיָּבוֹאוּ הַמַּיִם מִכֹּחַ נוֹתֵן, לְפִיכָךְ צִנּוֹר שֶׁדּוֹלֶה מַיִם מִן הַיְאוֹר וְשׁוֹפֵךְ בּוֹ וְנִמְשָׁכִים מִמֶּנּוּ הַמַּיִם לְהַשְׁקוֹת הַשָּׂדֶה, אֵינוֹ יָכוֹל לִתֵּן יָדָיו לְתוֹכוֹ כְּדֵי שֶׁיִּקָּלְחוּ הַמַּיִם עֲלֵיהֶם, מִפְּנֵי שֶׁאֵינָם בָּאִים מִכֹּחַ אָדָם, שֶׁכְּבָר פָּסַק כֹּחַ הַשּׁוֹפֵךְ (ש"ע א"ח קנט:ז). צָרִיךְ לְהָסִיר הַטַּבַּעַת מֵעַל יָדוֹ בִּשְׁעַת נְטִילַת יָדַיִם (ש"ע א"ח קסא:ג).

שִׁעוּר נְטִילַת יָדַיִם, כָּל הַיָּד עַד קָנֶה שֶׁל זְרוֹעַ; וְיֵשׁ אוֹמְרִים עַד מְקוֹם חִבּוּר הָאֶצְבָּעוֹת לְכַף הַיָּד, וְרָאוּי לִנְהֹג כְּדַעַת הָרִאשׁוֹן (ש"ע א"ח קסא:ד).

ברכה "על נטילת ידים"

בָּרוּךְ אַתָּה יְהוָֹה אֱלֹהֵינוּ מֶלֶךְ הָעוֹלָם אֲשֶׁר קִדְּשָׁנוּ בְּמִצְוֹתָיו וְצִוָּנוּ עַל נְטִילַת יָדָיִם

וִינַגְּבֵם הֵיטֵב קֹדֶם שֶׁיִּבְצַע, שֶׁהָאוֹכֵל בְּלִי נִגּוּב יָדַיִם כְּאִלּוּ אוֹכֵל לֶחֶם טָמֵא (ש"ע א"ח קנח:יב).

יְבָרֵךְ: הַמּוֹצִיא לֶחֶם מִן הָאָרֶץ. וְאִם רַבִּים מְסֻבִּים יְכַוְּנוּ לִבָּם לִשְׁמֹעַ בְּרָכָה וְיַעֲנוּ אָמֵן, וְהַמְבָרֵךְ יְכַוֵּן לְאָמֵן שֶׁאוֹמְרִים. יִתֵּן רֶוַח בֵּין לֶחֶם וּבֵין מִן (ש"ע א"ח קסז:ב).

ברכה "המוציא"

בָּרוּךְ אַתָּה יְהוָֹה אֱלֹהֵינוּ מֶלֶךְ הָעוֹלָם הַמּוֹצִיא לֶחֶם מִן הָאָרֶץ

II

Palabras de Torá

Es importante hablar palabras de Torá durante la comida, antes de pronunciar la serie de bendiciones que se recitan después de comer pan -*birkat hamazón*-. Y se lo puede hacer en cualquier momento, siendo un momento apropiado entre plato y plato, ya que los comensales prestarán más atención. También se lo puede hacer antes de pronunciar la serie de bendiciones que se recitan después de comer pan.

Rabí Shimón decía:
Tres que comieron juntos, sentados a una mesa, y no pronunciaron junto a ella palabras de Torá, es como si hubiesen comido de los sacrificios de los muertos, como está dicho: «Porque todas las mesas están llenas de [...] sin lugar –limpio–» (Isaías 28:8). Sin embargo, tres que comieron juntos, sentados a una mesa, y pronunciaron junto a ella palabras de Torá, es como si hubiesen comido de la mesa del Omnipresente, Bendito Sea, como está dicho: «Y me dijo: "Esta es la mesa que está delante de El Eterno"» (Ezequiel 41:22) (Mishná, tratado de Avot 3:3).

Ahora bien, ¿qué ocurre cuando la persona no tiene tiempo para estudiar un tema de Torá junto a la mesa? En ese caso, es posible pronunciar los versículos mencionados en el libro Kitzur Shl"a.

Pues en ese libro consta: He hallado escrito en nombre de un gran erudito, que así se acostumbra proceder en Italia, que quien no tiene tiempo de estudiar junto a la mesa, o no puede hacerlo, ha de pronunciar al menos tres versículos del Pentateuco, tres versículos de los Profetas, y tres versículos de los Escritos sagrados.

Estos tres versículos del Pentateuco:

«Y El Eterno dijo a Moshé: "He aquí os haré llover pan del Cielo, y el pueblo saldrá, y recogerá diariamente la porción de un día, para que Yo lo pruebe si anda en mi Torá, o no"» (Éxodo 16:4).

«Y serviréis a El Eterno vuestro Dios, y Él bendecirá tu pan y tus aguas; y quitará la enfermedad de en medio de ti» (Éxodo 23:25).

«Él te afligió y te hizo tener hambre, y te sustentó con el maná, que tú no conocías, ni conocieron tus padres, para hacerte saber que no sólo de pan vivirá el hombre, sino de todo lo que sale de la boca de El Eterno vivirá el hombre» (Deuteronomio 8:3).

Estos tres versículos de los Profetas:

«Ése habitará en las alturas; su lugar de refugio será fortaleza de rocas; se le dará su pan, y se le otorgarán sus aguas con fidelidad» (Isaías 33:16).

«¿Por qué gastáis el dinero en lo que no es pan, y vuestro esfuerzo en lo que no sacia? Oídme atentamente, y comed del bien, y vuestra alma se deleitará con manjares» (Isaías 55:2).

«¿Acaso no compartirás tu pan con el hambriento, y a los pobres desamparados traerás a casa, y cuando veas al desnudo, lo cubrirás y no te ocultarás de tu pariente cercano?» (Isaías 58:7).

Estos tres versículos de los Escritos sagrados:

«El vino alegra el corazón del hombre, el óleo hace resplandecer el rostro, y el pan sacia el corazón del hombre» (Salmos 104:15).

«Ha dado sustento a los que Le temen; para siempre se acordará de Su pacto» (Salmos 111:5).

«Hace justicia a los agraviados, da pan a los hambrientos, El Eterno libera a los cautivos» (Salmos 146:7).

Palabras de Torá Breves

Ahora bien, ¿qué hace una persona cuándo está muy apurada y no tiene tiempo siquiera para pronunciar los versículos mencionados?

En ese caso puede proceder tal como se enseñó en el libro Ben Ish Jai, en el apartado referente a las últimas aguas:

Es importante que antes de que la persona extienda su mano para lavarse con las últimas aguas, pronuncie esta ley: «Las últimas aguas son una obligación». Y he oído de mi sabio padre y maestro, que era costumbre de su padre, o sea, mi abuelo, el sabio Moshé Jaim, pronunciar esta ley antes de lavarse con las últimas aguas. Y a veces se apoyaba en esta ley en lugar de las palabras de Torá que se pronuncian a la mesa, antes de la serie de bendiciones que se recitan después de comer pan. Y lo hacía cuando no tenía tiempo de pronunciar palabras de Torá. Pues esa ley es una enseñanza de la Torá oral, y referirse a un asunto en su momento adecuado es muy bueno (Ben Ish Jai: Shlaj 6-7).

Las Aguas Finales

Cuando se termina de comer, antes de pronunciarse la serie de bendiciones que se recitan como agradecimiento por el alimento otorgado, se lavan los dedos de ambas manos con agua.

Esas aguas se denominan *maim ajaronim* y deben caer en el interior de un recipiente, y no al suelo, ya que se han impurificado.

Después de lavarse los dedos con las últimas aguas, se guarda silencio hasta culminar la serie de bendiciones que se recitan después de comer pan, no interrumpiendo en absoluto con ningún tipo de conversación. Sólo se pronuncian los versículos que se acostumbran pronunciar según la costumbre ancestral, y la invitación para bendecir si corresponde, o sea, en el caso en que participaron de la comida tres hombres, o más; e inmediatamente se recitan las bendiciones para después de comer.

Estos son los versículos que se pronuncian después de lavarse los dedos con las últimas aguas:

«Al músico principal, con melodía instrumental, un salmo, un cántico: Dios nos agracie y nos bendiga; haga resplandecer Su rostro sobre nosotros, para siempre. Para que sea conocido en la Tierra Tu camino; en todas las naciones Tu salvación. Los pueblos Te alabarán Dios, todos los pueblos Te alabarán. Las naciones se alegrarán y regocijarán, porque juzgarás a los pueblos con rectitud, y guiarás a las naciones en la Tierra, para siempre. Los pueblos Te alabarán Dios, todos los pueblos Te alabarán. La tierra dará su producto; Dios, nuestro Dios, nos bendecirá. Dios nos bendecirá, y Le temerán desde todos los confines de la Tierra».

«Bendeciré a El Eterno en todo momento, su alabanza estará siempre en mi boca»[2]. «El fin de todo asunto es oído, por tanto teme a Dios, y guarda sus preceptos; porque este es –el fin– de todo hombre»[3]. «Mi boca hablará del loor de El Eterno; y todos bendecirán Su Nombre sagrado para siempre jamás»[4]. Y nosotros bendeciremos a Dios, desde ahora y para siempre; alabad a Dios[5]. «Y me dijo: "Esta es la mesa que está ante El Eterno"»[6].

---

[2] (Salmos 34:2)

[3] (Kohelet 12:13)

[4] (Salmos 145:21)

[5] (Salmos 115:18)

[6] (Ezequiel 41:22)

דברי תורה על השולחן

צריכים לומר דברי תורה על השולחן כמו שאמרו במשנה:

רַבִּי שִׁמְעוֹן אוֹמֵר, שְׁלשָׁה שֶׁאָכְלוּ עַל שֻׁלְחָן אֶחָד וְלֹא אָמְרוּ עָלָיו דִּבְרֵי תוֹרָה, כְּאִלּוּ אָכְלוּ מִזִּבְחֵי מֵתִים, שֶׁנֶּאֱמַר (ישעיה כח:ח) כִּי כָּל שֻׁלְחָנוֹת מָלְאוּ קִיא צֹאָה בְּלִי מָקוֹם. אֲבָל שְׁלשָׁה שֶׁאָכְלוּ עַל שֻׁלְחָן אֶחָד וְאָמְרוּ עָלָיו דִּבְרֵי תוֹרָה, כְּאִלּוּ אָכְלוּ מִשֻּׁלְחָנוֹ שֶׁל מָקוֹם בָּרוּךְ הוּא, שֶׁנֶּאֱמַר (יחזקאל מא:כב) וַיְדַבֵּר אֵלַי זֶה הַשֻּׁלְחָן אֲשֶׁר לִפְנֵי ה' (אבות ג:ג).

מים אחרונים

מַיִם אַחֲרוֹנִים חוֹבָה. מַיִם אַחֲרוֹנִים אֵין נוֹטְלִים עַל גַּבֵּי קַרְקַע אֶלָּא בִּכְלִי, מִפְּנֵי רוּחַ רָעָה שֶׁשּׁוֹרָה עֲלֵיהֶם; וְאִם אֵין לוֹ כְּלִי, נוֹטֵל עַל גַּבֵּי עֵצִים דַּקִּים וְכַיּוֹצֵא בָּהֶן (ש"ע א"ח קפא:א-ב). אֵינוֹ צָרִיךְ לִטֹּל אֶלָּא עַד פֶּרֶק שֵׁנִי שֶׁל אֶצְבָּעוֹת. צָרִיךְ שֶׁיַּשְׁפִּיל רָאשֵׁי אֶצְבְּעוֹתָיו לְמַטָּה, כְּדֵי שֶׁתֵּרֵד הַזֻּהֲמָא (ש"ע א"ח קפא:ד-ה).

לַמְנַצֵּחַ בִּנְגִינֹת מִזְמוֹר שִׁיר. אֱלֹהִים יְחָנֵּנוּ וִיבָרְכֵנוּ יָאֵר פָּנָיו אִתָּנוּ סֶלָה. לָדַעַת בָּאָרֶץ דַּרְכֶּךָ בְּכָל גּוֹיִם יְשׁוּעָתֶךָ. יוֹדוּךָ עַמִּים אֱלֹהִים יוֹדוּךָ עַמִּים כֻּלָּם. יִשְׂמְחוּ וִירַנְּנוּ לְאֻמִּים כִּי תִשְׁפֹּט עַמִּים מִישׁוֹר וּלְאֻמִּים בָּאָרֶץ תַּנְחֵם סֶלָה. יוֹדוּךָ עַמִּים אֱלֹהִים יוֹדוּךָ עַמִּים כֻּלָּם. אֶרֶץ נָתְנָה יְבוּלָהּ יְבָרְכֵנוּ אֱלֹהִים אֱלֹהֵינוּ. יְבָרְכֵנוּ אֱלֹהִים וְיִירְאוּ אֹתוֹ כָּל אַפְסֵי אָרֶץ.

אֲבָרְכָה אֶת יְהֹוָה בְּכָל עֵת תָּמִיד תְּהִלָּתוֹ בְּפִי. סוֹף דָּבָר הַכֹּל נִשְׁמָע אֶת הָאֱלֹהִים יְרָא וְאֶת מִצְוֹתָיו שְׁמוֹר כִּי זֶה כָּל הָאָדָם. תְּהִלַּת יְהֹוָה יְדַבֶּר פִּי וִיבָרֵךְ כָּל בָּשָׂר שֵׁם קָדְשׁוֹ לְעוֹלָם וָעֶד. וַאֲנַחְנוּ נְבָרֵךְ יָהּ מֵעַתָּה וְעַד עוֹלָם הַלְלוּיָהּ. וַיְדַבֵּר אֵלַי זֶה הַשֻּׁלְחָן אֲשֶׁר לִפְנֵי יְהֹוָה.

III

La Invitación para Bendecir

Si participaron de la comida tres varones, o más, se pronuncia la invitación para bendecir, que se denomina *zimún*. Como se enseñó:

Si los que estaban sentados a la mesa eran tres, deben pronunciar la invitación para bendecir –*zimún*–. Esto es, uno de ellos dice: «Bendigamos pues hemos comido de lo de Él». Y ellos responden diciendo: «Bendito sea, pues hemos comido de lo de Él, y vivimos a través de Su bondad». Y el que pronunció la primera estrofa también dice a continuación: «Bendito sea, pues hemos comido de lo de Él, y vivimos a través de Su bondad». Y después se pronuncia la serie de bendiciones que se recitan después de comer pan -*birkat hamazón-:* «Bendito eres Tú, El Eterno, Dios nuestro, Rey del universo, Quién alimenta al mundo entero con Su benevolencia [...]».

Y si son diez, debe mencionar el Nombre de Dios; entonces dice: «Bendigamos a nuestro Dios, pues hemos comido de lo de Él». Y ellos responden diciendo: «Bendito sea nuestro Dios, pues hemos comido de lo de Él, y vivimos a través de Su bondad». Y el que pronunció la primera estrofa también dice a continuación: «Bendito sea nuestro Dios, pues hemos comido de lo de Él, y vivimos a través de Su bondad» (Código Legal Shulján Aruj *Oraj Jaim* 192:1).

La expresión: «Bendigamos a nuestro Dios», sigue a lo que se declara en el versículo que manifiesta: «Bendecid a Dios en las congregaciones» (Salmos 68:27; *véase* Metzudat David). Y también: «Bendecid, pueblos, a nuestro Dios» (Salmos 66:8) (Ben Ish Jai: *Koraj*).

El vaso de Vino

Es correcto –pronunciar la invitación y– bendecir sobre una copa de vino *(véase* Shulján Aruj *Oraj Jaim* 182:2).

Cuando el hombre que conducirá la invitación para bendecir recibe el vaso de vino, lo hace con ambas manos. Y cuando comienza la –invitación para recitar la– bendición, lo sujeta con su mano derecha –solamente–, sin ayudarse con la mano izquierda. Y ha de levantar –la mano con el vaso de vino– un puño –8 centímetros– de la mesa (Shulján Aruj *Oraj Jaim* 183:4).

Además, si se pronuncia la invitación para bendecir en Shabat, un día festivo, principio de mes, o en un banquete de bodas, se lo menciona en la invitación. Y si los comensales son diez, o más, se pronuncia en la invitación para bendecir, el Nombre de Dios.

A continuación mencionaremos el texto que se pronuncia en la invitación para bendecir en cada una de las situaciones mencionadas.

Tres Comensales

Cuando tres o más hombres mayores de 13 años comieron juntos, uno de ellos, el que conducirá la invitación para bendecir, dice:
«Vamos, bendigamos al Rey supremo sagrado».

Los demás comensales responden diciendo:
«*Shamaim*» (Significa: con permiso de los Cielos)

Entonces el conductor dice:
«Con permiso del Rey supremo sagrado, y con permiso de mis señores y maestros, bendigamos pues hemos comido de lo de Él».

Los demás comensales responden:
«Bendito sea, pues hemos comido de lo de Él, y vivimos a través de Su bondad».

Después, el que pronunció la primera estrofa también responde:
«Bendito sea, pues hemos comido de lo de Él, y vivimos a través de Su bondad».

Y a continuación se pronuncia la serie de bendiciones que se recitan después de comer pan —*birkat hamazón*—.

זימון בשלשה

הָיוּ הַמְּסֻבִּין ג', חַיָּבִים בְּזִמּוּן שֶׁאוֹמֵר אֶחָד מֵהֶם: נְבָרֵךְ שֶׁאָכַלְנוּ מִשֶּׁלּוֹ, וְהֵם עוֹנִים וְאוֹמְרִים: בָּרוּךְ שֶׁאָכַלְנוּ מִשֶּׁלּוֹ וּבְטוּבוֹ חָיִינוּ, וְהוּא חוֹזֵר וְאוֹמֵר: בָּרוּךְ שֶׁאָכַלְנוּ מִשֶּׁלּוֹ וּבְטוּבוֹ חָיִינוּ בָּרוּךְ אַתָּה ה' אֱלֹהֵינוּ מֶלֶךְ הָעוֹלָם הַזָּן אֶת הָעוֹלָם וְכוּ'; וְאִם הֵם ד' יָכוֹל לוֹמַר: בָּרְכוּ שֶׁאָכַלְנוּ מִשֶּׁלּוֹ, אֲבָל יוֹתֵר טוֹב לוֹמַר נְבָרֵךְ, שֶׁלֹּא לְהוֹצִיא עַצְמוֹ מִן הַכְּלָל (ש"ע א"ח קצב:א).

נוסח הזימון בשלשה

אם המסובים הם שלושה אחד מהם אומר:

הַב לָן וְנִבְרִיךְ לְמַלְכָּא עִלָּאָה קַדִּישָׁא

ושאר המסובים עונים:

שמים

אחר כך המזמן אומר:

בִּרְשׁוּת מַלְכָּא עִלָּאָה קַדִּישָׁא וּבִרְשׁוּת מוֹרַי וְרַבּוֹתַי נְבָרֵךְ שֶׁאָכַלְנוּ מִשֶּׁלּוֹ

ושאר המסובים עונים:

בָּרוּךְ שֶׁאָכַלְנוּ מִשֶּׁלּוֹ וּבְטוּבוֹ חָיִינוּ

והמזמן חוזר ואומר אחריהם:

בָּרוּךְ שֶׁאָכַלְנוּ מִשֶּׁלּוֹ וּבְטוּבוֹ חָיִינוּ

ומברכים ברכת המזון

Diez Comensales

Si los hombres que estaban sentados a la mesa eran diez, mayores de 13 años, se debe mencionar el Nombre de Dios en la invitación para bendecir. Por tanto, uno de los comensales dice:
«Vamos, bendigamos al Rey supremo sagrado».

Los demás comensales responden diciendo:
«*Shamaim*»

Entonces el conductor dice:
«Con permiso del Rey supremo sagrado, y con permiso de mis señores y maestros, bendigamos a nuestro Dios, pues hemos comido de lo de Él».

Los demás comensales responden:
«Bendito sea nuestro Dios, pues hemos comido de lo de Él, y vivimos a través de Su bondad».

Después, el que pronunció la primera estrofa también responde:
«Bendito sea nuestro Dios, pues hemos comido de lo de Él, y vivimos a través de Su bondad».

Y a continuación se pronuncia la serie de bendiciones que se recitan después de comer pan –*birkat hamazón*–.

BIRKAT HAMAZON

זימון בעשרה

אִם הֵם עֲשָׂרָה, צָרִיךְ לְהַזְכִּיר אֶת ה', שֶׁאוֹמֵר: נְבָרֵךְ אֱלֹהֵינוּ וְכוּ', וְהֵם עוֹנִים וְאוֹמְרִים: בָּרוּךְ אֱלֹהֵינוּ וְכוּ'. וְאֵין לוֹמַר נְבָרֵךְ לֵאלֹהֵינוּ בְּלָמֶ"ד. וּבֵין שֶׁיִּהְיוּ עֲשָׂרָה אוֹ מֵאָה אוֹ אֶלֶף אוֹ רִבּוֹא, כָּךְ הֵם מְבָרְכִים; וְכָל הַמְשַׁנֶּה מִזֶּה הַנֹּסַח, כְּגוֹן שֶׁאוֹמֵר: נְבָרֵךְ עַל הַמָּזוֹן שֶׁאָכַלְנוּ, אוֹ שֶׁאוֹמֵר: לְמִי שֶׁאָכַלְנוּ מִשֶּׁלּוֹ, אוֹ שֶׁאוֹמֵר בִּמְקוֹם וּבְטוּבוֹ מִטּוּבוֹ, אוֹ בִּמְקוֹם חָיִינוּ אוֹמֵר חַיִּים, הֲרֵי זֶה בּוּר; וּכְשֶׁהֵם עֲשָׂרָה, כֵּיוָן שֶׁמַּזְכִּירִים אֶת הַשֵּׁם יָכוֹל לוֹמַר: נְבָרֵךְ אֱלֹהֵינוּ עַל הַמָּזוֹן שֶׁאָכַלְנוּ מִשֶּׁלּוֹ (ש"ע א"ח קצב:א).

נוסח הזימון בעשרה

אם המסובים הם עשרה אחד מהם אומר:

הַב לָן וְנִבְרִיךְ לְמַלְכָּא עִלָּאָה קַדִּישָׁא

ושאר המסובים עונים:

שמים

אחר כך המזמן אומר:

בִּרְשׁוּת מַלְכָּא עִלָּאָה קַדִּישָׁא וּבִרְשׁוּת מוֹרַי וְרַבּוֹתַי נְבָרֵךְ אֱלֹהֵינוּ שֶׁאָכַלְנוּ מִשֶּׁלּוֹ

ושאר המסובים עונים:

בָּרוּךְ אֱלֹהֵינוּ שֶׁאָכַלְנוּ מִשֶּׁלּוֹ וּבְטוּבוֹ חָיִינוּ

והמזמן חוזר ואומר אחריהם:

בָּרוּךְ אֱלֹהֵינוּ שֶׁאָכַלְנוּ מִשֶּׁלּוֹ וּבְטוּבוֹ חָיִינוּ

ומברכים ברכת המזון

Tres Comensales en Shabat

Cuando se recita la invitación para bendecir en Shabat, si son tres hombres mayores de 13 años, o más, pero menos de diez, el conductor dice:
«Vamos, bendigamos al Rey supremo sagrado».

Los demás comensales responden diciendo:
«Shamaim»

Entonces el conductor dice:
«Con permiso del Rey supremo sagrado, y con permiso de la reina Shabat, y con permiso de mis señores y maestros, bendigamos pues hemos comido de lo de Él».

Los demás comensales responden:
«Bendito sea, pues hemos comido de lo de Él, y vivimos a través de Su bondad».

Después, el que pronunció la primera estrofa también responde:
«Bendito sea, pues hemos comido de lo de Él, y vivimos a través de Su bondad».

Y a continuación se pronuncia la serie de bendiciones que se recitan después de comer pan —*birkat hamazón*—.

זימון בשבת בשלשה

הָיוּ הַמְּסֻבִּין ג', חַיָּבִים בְּזִמּוּן שֶׁאוֹמֵר אֶחָד מֵהֶם: נְבָרֵךְ שֶׁאָכַלְנוּ מִשֶּׁלּוֹ, וְהֵם עוֹנִים וְאוֹמְרִים: בָּרוּךְ שֶׁאָכַלְנוּ מִשֶּׁלּוֹ וּבְטוּבוֹ חָיִינוּ, וְהוּא חוֹזֵר וְאוֹמֵר: בָּרוּךְ שֶׁאָכַלְנוּ מִשֶּׁלּוֹ וּבְטוּבוֹ חָיִינוּ בָּרוּךְ אַתָּה ה' אֱלֹהֵינוּ מֶלֶךְ הָעוֹלָם הַזָּן אֶת הָעוֹלָם וְכוּ'; וְאִם הֵם ד' יָכוֹל לוֹמַר: בָּרְכוּ שֶׁאָכַלְנוּ מִשֶּׁלּוֹ, אֲבָל יוֹתֵר טוֹב לוֹמַר נְבָרֵךְ, שֶׁלֹּא לְהוֹצִיא עַצְמוֹ מִן הַכְּלָל (ש"ע א"ח קצב:א).

נוסח הזימון בשבת

אם המסובים הם שלושה אחד מהם אומר:

הַב לָן וְנִבְרִיךְ לְמַלְכָּא עִלָּאָה קַדִּישָׁא

ושאר המסובים עונים:

שמים

אחר כך המזמן אומר:

בִּרְשׁוּת מַלְכָּא עִלָּאָה קַדִּישָׁא וּבִרְשׁוּת שַׁבָּת מַלְכְּתָא וּבִרְשׁוּת מוֹרַי וְרַבּוֹתַי נְבָרֵךְ שֶׁאָכַלְנוּ מִשֶּׁלּוֹ

ושאר המסובים עונים:

בָּרוּךְ שֶׁאָכַלְנוּ מִשֶּׁלּוֹ וּבְטוּבוֹ חָיִינוּ

והמזמן חוזר ואומר אחריהם:

בָּרוּךְ שֶׁאָכַלְנוּ מִשֶּׁלּוֹ וּבְטוּבוֹ חָיִינוּ

ומברכים ברכת המזון

Diez Comensales en Shabat

Si los que estaban sentados a la mesa en Shabat eran diez hombres mayores de 13 años, se debe mencionar el Nombre de Dios en la invitación para bendecir. Por tanto, uno de los comensales dice:
«Vamos, bendigamos al Rey supremo sagrado».

Los demás comensales responden diciendo:
«*Shamaim*»

Entonces el conductor dice:
«Con permiso del Rey supremo sagrado, y con permiso de la reina Shabat, y con permiso de mis señores y maestros, bendigamos a nuestro Dios, pues hemos comido de lo de Él».

Los demás comensales responden:
«Bendito sea nuestro Dios, pues hemos comido de lo de Él, y vivimos a través de Su bondad».

Después, el que pronunció la primera estrofa también responde:
«Bendito sea nuestro Dios, pues hemos comido de lo de Él, y vivimos a través de Su bondad».

Y a continuación se pronuncia la serie de bendiciones que se recitan después de comer pan –*birkat hamazón*–.

זימון בשבת בעשרה

אִם הֵם עֲשָׂרָה, צָרִיךְ לְהַזְכִּיר אֶת ה', שֶׁאוֹמֵר: נְבָרֵךְ אֱלֹהֵינוּ וְכו', וְהֵם עוֹנִים וְאוֹמְרִים: בָּרוּךְ אֱלֹהֵינוּ וְכו'. וְאֵין לוֹמַר נְבָרֵךְ לֵאלֹהֵינוּ בְּלָמֶ"ד. וּבֵין שֶׁיִּהְיוּ עֲשָׂרָה אוֹ מֵאָה אוֹ אֶלֶף אוֹ רִבּוֹא, כָּךְ הֵם מְבָרְכִים; וְכָל הַמְשַׁנֶּה מִזֶּה הַנֹּסַח, כְּגוֹן שֶׁאוֹמֵר: נְבָרֵךְ עַל הַמָּזוֹן שֶׁאָכַלְנוּ, אוֹ שֶׁאוֹמֵר: לְמִי שֶׁאָכַלְנוּ מִשֶּׁלוֹ, אוֹ שֶׁאוֹמֵר בִּמְקוֹם וּבְטוּבוֹ מִטּוּבוֹ, אוֹ בִּמְקוֹם חָיִינוּ אוֹמֵר חַיִּים, הֲרֵי זֶה בּוּר; וּכְשֶׁהֵם עֲשָׂרָה, כֵּיוָן שֶׁמַּזְכִּירִים אֶת הַשֵּׁם יָכוֹל לוֹמַר: נְבָרֵךְ אֱלֹהֵינוּ עַל הַמָּזוֹן שֶׁאָכַלְנוּ מִשֶּׁלוֹ (ש"ע א"ח קצב:א).

נוסח הזימון בשבת בעשרה

אם המסובים הם עשרה אחד מהם אומר:

הַב לָן וְנִבְרִיךְ לְמַלְכָּא עִלָּאָה קַדִּישָׁא

ושאר המסובים עונים:

שמים

אחר כך המזמן אומר:

בִּרְשׁוּת מַלְכָּא עִלָּאָה קַדִּישָׁא וּבִרְשׁוּת שַׁבָּת מַלְכְּתָא וּבִרְשׁוּת מוֹרַי וְרַבּוֹתַי נְבָרֵךְ אֱלֹהֵינוּ שֶׁאָכַלְנוּ מִשֶּׁלוֹ

ושאר המסובים עונים:

בָּרוּךְ אֱלֹהֵינוּ שֶׁאָכַלְנוּ מִשֶּׁלוֹ וּבְטוּבוֹ חָיִינוּ

והמזמן חוזר ואומר אחריהם:

בָּרוּךְ אֱלֹהֵינוּ שֶׁאָכַלְנוּ מִשֶּׁלוֹ וּבְטוּבוֹ חָיִינוּ

ומברכים ברכת המזון

Tres Comensales en Día Festivo

Cuando se recita la invitación para bendecir en un día festivo —*Yom Tov*—, si eran tres hombres mayores de 13 años, o más, pero menos de diez, el conductor dice:
«Vamos, bendigamos al Rey supremo sagrado».

Los demás comensales responden diciendo:
«*Shamaim*»

Entonces el conductor dice:
«Con permiso del Rey supremo sagrado, y con permiso del día festivo sagrado; y con permiso de mis señores y maestros, bendigamos pues hemos comido de lo de Él».

Los demás comensales responden:
«Bendito sea, pues hemos comido de lo de Él, y vivimos a través de Su bondad».

Después, el que pronunció la primera estrofa también responde:
«Bendito sea, pues hemos comido de lo de Él, y vivimos a través de Su bondad».

Y a continuación se pronuncia la serie de bendiciones que se recitan después de comer pan —*birkat hamazón*—.

זימון ביום טוב בשלשה

הָיוּ הַמְּסֻבִּין ג', חַיָּבִים בְּזִמּוּן שֶׁאוֹמֵר אֶחָד מֵהֶם: נְבָרֵךְ שֶׁאָכַלְנוּ מִשֶּׁלּוֹ, וְהֵם עוֹנִים וְאוֹמְרִים: בָּרוּךְ שֶׁאָכַלְנוּ מִשֶּׁלּוֹ וּבְטוּבוֹ חָיִינוּ, וְהוּא חוֹזֵר וְאוֹמֵר: בָּרוּךְ שֶׁאָכַלְנוּ מִשֶּׁלּוֹ וּבְטוּבוֹ חָיִינוּ בָּרוּךְ אַתָּה ה' אֱלֹהֵינוּ מֶלֶךְ הָעוֹלָם הַזָּן אֶת הָעוֹלָם וְכוּ'; וְאִם הֵם ד' יָכוֹל לוֹמַר: בָּרְכוּ שֶׁאָכַלְנוּ מִשֶּׁלּוֹ, אֲבָל יוֹתֵר טוֹב לוֹמַר נְבָרֵךְ, שֶׁלֹּא לְהוֹצִיא עַצְמוֹ מִן הַכְּלָל (ש"ע א"ח קצב:א).

נוסח הזימון ביום טוב

אם המסובים הם שלושה אחד מהם אומר:

הַב לָן וְנִבְרִיךְ לְמַלְכָּא עִלָּאָה קַדִּישָׁא

ושאר המסובים עונים:

שמים

אחר כך המזמן אומר:

בִּרְשׁוּת מַלְכָּא עִלָּאָה קַדִּישָׁא וּבִרְשׁוּת יוֹמָא טָבָא קַדִּישָׁא וּבִרְשׁוּת מוֹרַי וְרַבּוֹתַי נְבָרֵךְ שֶׁאָכַלְנוּ מִשֶּׁלּוֹ

ושאר המסובים עונים:

בָּרוּךְ שֶׁאָכַלְנוּ מִשֶּׁלּוֹ וּבְטוּבוֹ חָיִינוּ

והמזמן חוזר ואומר אחריהם:

בָּרוּךְ שֶׁאָכַלְנוּ מִשֶּׁלּוֹ וּבְטוּבוֹ חָיִינוּ

ומברכים ברכת המזון

Diez Comensales en Día Festivo

Si los que estaban sentados a la mesa en el día festivo eran diez hombres mayores de 13 años, se debe mencionar el Nombre de Dios en la invitación para bendecir. Por tanto, uno de los comensales dice:

«Vamos, bendigamos al Rey supremo sagrado».

Los demás comensales responden diciendo:
«*Shamaim*»

Entonces el conductor dice:
«Con permiso del Rey supremo sagrado, y con permiso del día festivo sagrado; y con permiso de mis señores y maestros, bendigamos a nuestro Dios, pues hemos comido de lo de Él».

Los demás comensales responden:
«Bendito sea nuestro Dios, pues hemos comido de lo de Él, y vivimos a través de Su bondad».

Después, el que pronunció la primera estrofa también responde:
«Bendito sea nuestro Dios, pues hemos comido de lo de Él, y vivimos a través de Su bondad».

Y a continuación se pronuncia la serie de bendiciones que se recitan después de comer pan –*birkat hamazón*–.

זימון ביום טוב בעשרה

אִם הֵם עֲשָׂרָה, צָרִיךְ לְהַזְכִּיר אֶת ה', שֶׁאוֹמֵר: נְבָרֵךְ אֱלֹהֵינוּ וְכו', וְהֵם עוֹנִים וְאוֹמְרִים: בָּרוּךְ אֱלֹהֵינוּ וְכו'. וְאֵין לוֹמַר נְבָרֵךְ לֵאלֹהֵינוּ בְּלָמֶ"ד. וּבֵין שֶׁיִּהְיוּ עֲשָׂרָה אוֹ מֵאָה אוֹ אֶלֶף אוֹ רִבּוֹא, כָּךְ הֵם מְבָרְכִים; וְכָל הַמְשַׁנֶּה מִזֶּה הַנֹּסַח, כְּגוֹן שֶׁאוֹמֵר: נְבָרֵךְ עַל הַמָּזוֹן שֶׁאָכַלְנוּ, אוֹ שֶׁאוֹמֵר: לְמִי שֶׁאָכַלְנוּ מִשֶּׁלוֹ, אוֹ שֶׁאוֹמֵר בִּמְקוֹם וּבְטוּבוֹ מִטּוּבוֹ, אוֹ בִּמְקוֹם חָיִינוּ אוֹמֵר חַיִּים, הֲרֵי זֶה בּוּר; וּכְשֶׁהֵם עֲשָׂרָה, כֵּיוָן שֶׁמַּזְכִּירִים אֶת הַשֵּׁם יָכוֹל לוֹמַר: נְבָרֵךְ אֱלֹהֵינוּ עַל הַמָּזוֹן שֶׁאָכַלְנוּ מִשֶּׁלוֹ (ש"ע א"ח קצב:א).

נוסח הזימון ביום טוב בעשרה

אם המסובים הם עשרה אחד מהם אומר:

הַב לָן וְנִבְרִיךְ לְמַלְכָּא עִלָּאָה קַדִּישָׁא

ושאר המסובים עונים:

שמים

אחר כך המזמן אומר:

בִּרְשׁוּת מַלְכָּא עִלָּאָה קַדִּישָׁא וּבִרְשׁוּת יוֹמָא טָבָא קַדִּישָׁא וּבִרְשׁוּת מוֹרַי וְרַבּוֹתַי נְבָרֵךְ אֱלֹהֵינוּ שֶׁאָכַלְנוּ מִשֶּׁלּוֹ

ושאר המסובים עונים:

בָּרוּךְ אֱלֹהֵינוּ שֶׁאָכַלְנוּ מִשֶּׁלּוֹ וּבְטוּבוֹ חָיִינוּ

והמזמן חוזר ואומר אחריהם:

בָּרוּךְ אֱלֹהֵינוּ שֶׁאָכַלְנוּ מִשֶּׁלּוֹ וּבְטוּבוֹ חָיִינוּ

ומברכים ברכת המזון

Tres Comensales en Shabat Yom Tov

Si los que estaban sentados a la mesa en el día festivo –*Yom Tov*– que cayó en Shabat, eran tres hombres mayores de 13 años, o más, pero menos de diez, el conductor dice:
«Vamos, bendigamos al Rey supremo sagrado».

Los demás comensales responden diciendo:
«*Shamaim*»

Entonces el conductor dice:
«Con permiso del Rey supremo sagrado, y con permiso de la reina Shabat, y con permiso del día festivo sagrado; y con permiso de mis señores y maestros, bendigamos pues hemos comido de lo de Él».

Los demás comensales responden:
«Bendito sea, pues hemos comido de lo de Él, y vivimos a través de Su bondad».

Después, el que pronunció la primera estrofa también responde:
«Bendito sea, pues hemos comido de lo de Él, y vivimos a través de Su bondad».

Y a continuación se pronuncia la serie de bendiciones que se recitan después de comer pan –*birkat hamazón*–.

זימון בשבת יום טוב בשלשה

הָיוּ הַמְּסֻבִּין ג', חַיָּבִים בְּזִמּוּן שֶׁאוֹמֵר אֶחָד מֵהֶם: נְבָרֵךְ שֶׁאָכַלְנוּ מִשֶּׁלוֹ, וְהֵם עוֹנִים וְאוֹמְרִים: בָּרוּךְ שֶׁאָכַלְנוּ מִשֶּׁלוֹ וּבְטוּבוֹ חָיִינוּ, וְהוּא חוֹזֵר וְאוֹמֵר: בָּרוּךְ שֶׁאָכַלְנוּ מִשֶּׁלוֹ וּבְטוּבוֹ חָיִינוּ בָּרוּךְ אַתָּה ה' אֱלֹהֵינוּ מֶלֶךְ הָעוֹלָם הַזָּן אֶת הָעוֹלָם וְכוּ'; וְאִם הֵם ד' יָכוֹל לוֹמַר: בָּרְכוּ שֶׁאָכַלְנוּ מִשֶּׁלוֹ, אֲבָל יוֹתֵר טוֹב לוֹמַר נְבָרֵךְ, שֶׁלֹּא לְהוֹצִיא עַצְמוֹ מִן הַכְּלָל (ש"ע א"ח קצב:א).

נוסח הזימון בשבת יום טוב

אם המסובים הם שלושה אחד מהם אומר:

הַב לָן וְנִבְרִיךְ לְמַלְכָּא עִלָּאָה קַדִּישָׁא

ושאר המסובים עונים:

שמים

אחר כך המזמן אומר:

בִּרְשׁוּת מַלְכָּא עִלָּאָה קַדִּישָׁא וּבִרְשׁוּת שַׁבָּת מַלְכְּתָא וּבִרְשׁוּת יוֹמָא טָבָא קַדִּישָׁא וּבִרְשׁוּת מוֹרַי וְרַבּוֹתַי נְבָרֵךְ שֶׁאָכַלְנוּ מִשֶּׁלּוֹ

ושאר המסובים עונים:

בָּרוּךְ שֶׁאָכַלְנוּ מִשֶּׁלּוֹ וּבְטוּבוֹ חָיִינוּ

והמזמן חוזר ואומר אחריהם:

בָּרוּךְ שֶׁאָכַלְנוּ מִשֶּׁלּוֹ וּבְטוּבוֹ חָיִינוּ

ומברכים ברכת המזון

BENDICIÓN PARA DESPUÉS DE COMER PAN

Diez Comensales en Shabat Yom Tov

Si los que estaban sentados a la mesa en el día festivo –Yom Tov– que cayó en Shabat eran diez hombres mayores de 13 años, se debe mencionar el Nombre de Dios en la invitación para bendecir. Por tanto, uno de los comensales dice:
«Vamos, bendigamos al Rey supremo sagrado».

Los demás comensales responden diciendo:
«Shamaim»

Entonces el conductor dice:
«Con permiso del Rey supremo sagrado, y con permiso de la reina Shabat, y con permiso del día festivo sagrado; y con permiso de mis señores y maestros, bendigamos a nuestro Dios, pues hemos comido de lo de Él».

Los demás comensales responden:
«Bendito sea nuestro Dios, pues hemos comido de lo de Él, y vivimos a través de Su bondad».

Después, el que pronunció la primera estrofa también responde:
«Bendito sea nuestro Dios, pues hemos comido de lo de Él, y vivimos a través de Su bondad».

Y a continuación se pronuncia la serie de bendiciones que se recitan después de comer pan –*birkat hamazón*–.

זימון בשבת יום טוב בעשרה

אִם הֵם עֲשָׂרָה, צָרִיךְ לְהַזְכִּיר אֶת ה', שֶׁאוֹמֵר: נְבָרֵךְ אֱלֹהֵינוּ וְכוּ', וְהֵם עוֹנִים וְאוֹמְרִים: בָּרוּךְ אֱלֹהֵינוּ וְכוּ'. וְאֵין לוֹמַר נְבָרֵךְ לֵאלֹהֵינוּ בְּלָמֶ"ד. וּבֵין שֶׁיִּהְיוּ עֲשָׂרָה אוֹ מֵאָה אוֹ אֶלֶף אוֹ רִבּוֹא, כָּךְ הֵם מְבָרְכִים; וְכָל הַמְשַׁנֶּה מִזֶּה הַנֹּסַח, כְּגוֹן שֶׁאוֹמֵר: נְבָרֵךְ עַל הַמָּזוֹן שֶׁאָכַלְנוּ, אוֹ שֶׁאוֹמֵר: לְמִי שֶׁאָכַלְנוּ מִשֶּׁלּוֹ, אוֹ שֶׁאוֹמֵר בִּמְקוֹם וּבְטוּבוֹ מִטּוּבוֹ, אוֹ בִּמְקוֹם חָיִינוּ אוֹמֵר חַיִּים, הֲרֵי זֶה בּוּר; וּכְשֶׁהֵם עֲשָׂרָה, כֵּיוָן שֶׁמַּזְכִּירִים אֶת הַשֵּׁם יָכוֹל לוֹמַר: נְבָרֵךְ אֱלֹהֵינוּ עַל הַמָּזוֹן שֶׁאָכַלְנוּ מִשֶּׁלּוֹ (ש"ע א"ח קצב:א).

נוסח הזימון בשבת יום טוב בעשרה

אם המסובים הם עשרה אחד מהם אומר:

הַב לָן וְנִבְרִיךְ לְמַלְכָּא עִלָּאָה קַדִּישָׁא

ושאר המסובים עונים:

שמים

אחר כך המזמן אומר:

בִּרְשׁוּת מַלְכָּא עִלָּאָה קַדִּישָׁא וּבִרְשׁוּת שַׁבָּת מַלְכְּתָא וּבִרְשׁוּת יוֹמָא טָבָא קַדִּישָׁא וּבִרְשׁוּת מוֹרַי וְרַבּוֹתַי נְבָרֵךְ אֱלֹהֵינוּ שֶׁאָכַלְנוּ מִשֶּׁלּוֹ

ושאר המסובים עונים:

בָּרוּךְ אֱלֹהֵינוּ שֶׁאָכַלְנוּ מִשֶּׁלּוֹ וּבְטוּבוֹ חָיִינוּ

והמזמן חוזר ואומר אחריהם:

בָּרוּךְ אֱלֹהֵינוּ שֶׁאָכַלְנוּ מִשֶּׁלּוֹ וּבְטוּבוֹ חָיִינוּ

ומברכים ברכת המזון

Tres Comensales en Sucot

Si los que estaban sentados a la mesa en el día festivo –*Yom Tov*– de Sucot, eran tres hombres mayores de 13 años, o más, pero menos de diez, el conductor dice:

«Vamos, bendigamos al Rey supremo sagrado».

Los demás comensales responden diciendo:
«*Shamaim*»

Entonces el conductor dice:
«Con permiso del Rey supremo sagrado, y con permiso del día festivo sagrado; y con permiso de los siete huéspedes supremos sagrados; y con permiso de mis señores y maestros, bendigamos pues hemos comido de lo de Él».

Los demás comensales responden:
«Bendito sea, pues hemos comido de lo de Él, y vivimos a través de Su bondad».

Después, el que pronunció la primera estrofa también responde:
«Bendito sea, pues hemos comido de lo de Él, y vivimos a través de Su bondad».

Y a continuación se pronuncia la serie de bendiciones que se recitan después de comer pan –*birkat hamazón*–.

זימון ביום טוב סוכות

הָיוּ הַמְּסֻבִּין ג', חַיָּבִים בְּזִמּוּן שֶׁאוֹמֵר אֶחָד מֵהֶם: נְבָרֵךְ שֶׁאָכַלְנוּ מִשֶּׁלּוֹ, וְהֵם עוֹנִים וְאוֹמְרִים: בָּרוּךְ שֶׁאָכַלְנוּ מִשֶּׁלּוֹ וּבְטוּבוֹ חָיִינוּ, וְהוּא חוֹזֵר וְאוֹמֵר: בָּרוּךְ שֶׁאָכַלְנוּ מִשֶּׁלּוֹ וּבְטוּבוֹ חָיִינוּ בָּרוּךְ אַתָּה ה' אֱלֹהֵינוּ מֶלֶךְ הָעוֹלָם הַזָּן אֶת הָעוֹלָם וְכוּ'; וְאִם הֵם ד' יָכוֹל לוֹמַר: בָּרְכוּ שֶׁאָכַלְנוּ מִשֶּׁלּוֹ, אֲבָל יוֹתֵר טוֹב לוֹמַר נְבָרֵךְ, שֶׁלֹּא לְהוֹצִיא עַצְמוֹ מִן הַכְּלָל (ש"ע א"ח קצב:א).

נוסח הזימון ביום טוב סוכות

אם המסובים הם שלושה אחד מהם אומר:

הַב לָן וְנִבְרִיךְ לְמַלְכָּא עִלָּאָה קַדִּישָׁא

ושאר המסובים עונים:

שמים

אחר כך המזמן אומר:

בִּרְשׁוּת מַלְכָּא עִלָּאָה קַדִּישָׁא וּבִרְשׁוּת יוֹמָא טָבָא קַדִּישָׁא וּבִרְשׁוּת שִׁבְעָה אֻשְׁפִּיזִין עִלָּאִין קַדִּישִׁין וּבִרְשׁוּת מוֹרַי וְרַבּוֹתַי נְבָרֵךְ שֶׁאָכַלְנוּ מִשֶּׁלּוֹ

ושאר המסובים עונים:

בָּרוּךְ שֶׁאָכַלְנוּ מִשֶּׁלּוֹ וּבְטוּבוֹ חָיִינוּ

והמזמן חוזר ואומר אחריהם:

בָּרוּךְ שֶׁאָכַלְנוּ מִשֶּׁלּוֹ וּבְטוּבוֹ חָיִינוּ

ומברכים ברכת המזון

Diez Comensales en Sucot

Si los que estaban sentados a la mesa en el día festivo —*Yom Tov*— de Sucot eran diez hombres mayores de 13 años, se debe mencionar el Nombre de Dios en la invitación para bendecir. Por tanto, uno de los comensales dice:
«Vamos, bendigamos al Rey supremo sagrado».

Los demás comensales responden diciendo:
«Shamaim»

Entonces el conductor dice:
«Con permiso del Rey supremo sagrado, y con permiso del día festivo sagrado; y con permiso de los siete huéspedes supremos sagrados; y con permiso de mis señores y maestros, bendigamos a nuestro Dios pues hemos comido de lo de Él».

Los demás comensales responden:
«Bendito sea nuestro Dios, pues hemos comido de lo de Él, y vivimos a través de Su bondad».

Después, el que pronunció la primera estrofa también responde:
«Bendito sea nuestro Dios, pues hemos comido de lo de Él, y vivimos a través de Su bondad».

Y a continuación se pronuncia la serie de bendiciones que se recitan después de comer pan —*birkat hamazón*—.

זימון ביום טוב סוכות בעשרה

אִם הֵם עֲשָׂרָה, צָרִיךְ לְהַזְכִּיר אֶת ה', שֶׁאוֹמֵר: נְבָרֵךְ אֱלֹהֵינוּ וְכו', וְהֵם עוֹנִים וְאוֹמְרִים: בָּרוּךְ אֱלֹהֵינוּ וְכו'. וְאֵין לוֹמַר נְבָרֵךְ לֵאלֹהֵינוּ בְּלָמֶ"ד. וּבֵין שֶׁיִּהְיוּ עֲשָׂרָה אוֹ מֵאָה אוֹ אֶלֶף אוֹ רִבּוֹא, כָּךְ הֵם מְבָרְכִים; וְכָל הַמְשַׁנֶּה מִזֶּה הַנֹּסַח, כְּגוֹן שֶׁאוֹמֵר: נְבָרֵךְ עַל הַמָּזוֹן שֶׁאָכַלְנוּ, אוֹ שֶׁאוֹמֵר: לְמִי שֶׁאָכַלְנוּ מִשֶּׁלּוֹ, אוֹ שֶׁאוֹמֵר בִּמְקוֹם וּבְטוּבוֹ מִטּוּבוֹ, אוֹ בִּמְקוֹם חָיִינוּ אוֹמֵר חַיִּים, הֲרֵי זֶה בּוּר; וּכְשֶׁהֵם עֲשָׂרָה, כֵּיוָן שֶׁמַּזְכִּירִים אֶת הַשֵּׁם יָכוֹל לוֹמַר: נְבָרֵךְ אֱלֹהֵינוּ עַל הַמָּזוֹן שֶׁאָכַלְנוּ מִשֶּׁלּוֹ (ש"ע א"ח קצב:א).

נוסח הזימון ביום טוב סוכות בעשרה

אם המסובים הם עשרה אחד מהם אומר:

הַב לָן וְנִבְרִיךְ לְמַלְכָּא עִלָּאָה קַדִּישָׁא

ושאר המסובים עונים:

שמים

אחר כך המזמן אומר:

בִּרְשׁוּת מַלְכָּא עִלָּאָה קַדִּישָׁא וּבִרְשׁוּת יוֹמָא טָבָא קַדִּישָׁא וּבִרְשׁוּת שִׁבְעָה אֻשְׁפִּיזִין עִלָּאִין קַדִּישִׁין וּבִרְשׁוּת מוֹרַי וְרַבּוֹתַי נְבָרֵךְ אֱלֹהֵינוּ שֶׁאָכַלְנוּ מִשֶּׁלּוֹ

ושאר המסובים עונים:

בָּרוּךְ אֱלֹהֵינוּ שֶׁאָכַלְנוּ מִשֶּׁלּוֹ וּבְטוּבוֹ חָיִינוּ

והמזמן חוזר ואומר אחריהם:

בָּרוּךְ אֱלֹהֵינוּ שֶׁאָכַלְנוּ מִשֶּׁלּוֹ וּבְטוּבוֹ חָיִינוּ

ומברכים ברכת המזון

Tres Comensales en Shabat Sucot

Si los que estaban sentados a la mesa en el día festivo –*Yom Tov*– de Sucot que cayó en Shabat, eran tres hombres mayores de 13 años, o más, pero menos de diez, el conductor dice:
«Vamos, bendigamos al Rey supremo sagrado».

Los demás comensales responden diciendo:
«*Shamaim*»

Entonces el conductor dice:
«Con permiso del Rey supremo sagrado, y con permiso de la reina Shabat, y con permiso del día festivo sagrado; y con permiso de los siete huéspedes supremos sagrados; y con permiso de mis señores y maestros, bendigamos pues hemos comido de lo de Él».

Los demás comensales responden:
«Bendito sea, pues hemos comido de lo de Él, y vivimos a través de Su bondad».

Después, el que pronunció la primera estrofa también responde:
«Bendito sea, pues hemos comido de lo de Él, y vivimos a través de Su bondad».

Y a continuación se pronuncia la serie de bendiciones que se recitan después de comer pan –*birkat hamazón*–.

זימון בשבת יום טוב סוכות

הָיוּ הַמְּסֻבִּין ג', חַיָּבִים בְּזִמּוּן שֶׁאוֹמֵר אֶחָד מֵהֶם: נְבָרֵךְ שֶׁאָכַלְנוּ מִשֶּׁלּוֹ, וְהֵם עוֹנִים וְאוֹמְרִים: בָּרוּךְ שֶׁאָכַלְנוּ מִשֶּׁלּוֹ וּבְטוּבוֹ חָיִינוּ, וְהוּא חוֹזֵר וְאוֹמֵר: בָּרוּךְ שֶׁאָכַלְנוּ מִשֶּׁלּוֹ וּבְטוּבוֹ חָיִינוּ בָּרוּךְ אַתָּה ה' אֱלֹהֵינוּ מֶלֶךְ הָעוֹלָם הַזָּן אֶת הָעוֹלָם וְכוּ'; וְאִם הֵם ד' יָכוֹל לוֹמַר: בָּרְכוּ שֶׁאָכַלְנוּ מִשֶּׁלּוֹ, אֲבָל יוֹתֵר טוֹב לוֹמַר נְבָרֵךְ, שֶׁלֹּא לְהוֹצִיא עַצְמוֹ מִן הַכְּלָל (ש"ע א"ח קצב:א).

נוסח הזימון בשבת יום טוב סוכות

אם המסובים הם שלושה אחד מהם אומר:

הַב לָן וְנִבְרִיךְ לְמַלְכָּא עִלָּאָה קַדִּישָׁא

ושאר המסובים עונים:

שמים

אחר כך המזמן אומר:

בִּרְשׁוּת מַלְכָּא עִלָּאָה קַדִּישָׁא וּבִרְשׁוּת שַׁבָּת מַלְכְּתָא וּבִרְשׁוּת יוֹמָא טָבָא קַדִּישָׁא וּבִרְשׁוּת שִׁבְעָה אֻשְׁפִּיזִין עִלָּאִין קַדִּישִׁין וּבִרְשׁוּת מוֹרַי וְרַבּוֹתַי נְבָרֵךְ שֶׁאָכַלְנוּ מִשֶּׁלּוֹ

ושאר המסובים עונים:

בָּרוּךְ שֶׁאָכַלְנוּ מִשֶּׁלּוֹ וּבְטוּבוֹ חָיִינוּ

והמזמן חוזר ואומר אחריהם:

בָּרוּךְ שֶׁאָכַלְנוּ מִשֶּׁלּוֹ וּבְטוּבוֹ חָיִינוּ

ומברכים ברכת המזון

Diez Comensales en Shabat Sucot

Si los que estaban sentados a la mesa en el día festivo –*Yom Tov*– de Sucot que cayó en Shabat eran diez hombres mayores de 13 años, se debe mencionar el Nombre de Dios en la invitación para bendecir. Por tanto, uno de los comensales dice:
«Vamos, bendigamos al Rey supremo sagrado».

Los demás comensales responden diciendo:
«*Shamaim*»

Entonces el conductor dice:
«Con permiso del Rey supremo sagrado, y con permiso de la reina Shabat, y con permiso del día festivo sagrado; y con permiso de los siete huéspedes supremos sagrados; y con permiso de mis señores y maestros, bendigamos a nuestro Dios pues hemos comido de lo de Él».

Los demás comensales responden:
«Bendito sea nuestro Dios, pues hemos comido de lo de Él, y vivimos a través de Su bondad».

Después, el que pronunció la primera estrofa también responde:
«Bendito sea nuestro Dios, pues hemos comido de lo de Él, y vivimos a través de Su bondad».

Y a continuación se pronuncia la serie de bendiciones que se recitan después de comer pan –*birkat hamazón*–.

זימון בשבת יום טוב סוכות בעשרה

אִם הֵם עֲשָׂרָה, צָרִיךְ לְהַזְכִּיר אֶת ה', שֶׁאוֹמֵר: נְבָרֵךְ אֱלֹהֵינוּ וְכוּ', וְהֵם עוֹנִים וְאוֹמְרִים: בָּרוּךְ אֱלֹהֵינוּ וְכוּ'. וְאֵין לוֹמַר נְבָרֵךְ לֵאלֹהֵינוּ בְּלָמֶ"ד. וּבֵין שֶׁיִּהְיוּ עֲשָׂרָה אוֹ מֵאָה אוֹ אֶלֶף אוֹ רִבּוֹא, כָּךְ הֵם מְבָרְכִים; וְכָל הַמְשַׁנֶּה מִזֶּה הַנֹּסַח, כְּגוֹן שֶׁאוֹמֵר: נְבָרֵךְ עַל הַמָּזוֹן שֶׁאָכַלְנוּ, אוֹ שֶׁאוֹמֵר: לְמִי שֶׁאָכַלְנוּ מִשֶּׁלוֹ, אוֹ שֶׁאוֹמֵר בִּמְקוֹם וּבְטוּבוֹ מִטּוּבוֹ, אוֹ בִּמְקוֹם חָיִינוּ אוֹמֵר חַיִּים, הֲרֵי זֶה בּוּר; וּכְשֶׁהֵם עֲשָׂרָה, כֵּיוָן שֶׁמַּזְכִּירִים אֶת הַשֵּׁם יָכוֹל לוֹמַר: נְבָרֵךְ אֱלֹהֵינוּ עַל הַמָּזוֹן שֶׁאָכַלְנוּ מִשֶּׁלוֹ (ש"ע א"ח קצב:א).

נוסח הזימון בשבת יום טוב סוכות בעשרה

אם המסובים הם עשרה אחד מהם אומר:

הַב לָן וְנִבְרִיךְ לְמַלְכָּא עִלָּאָה קַדִּישָׁא

ושאר המסובים עונים:

שמים

אחר כך המזמן אומר:

בִּרְשׁוּת מַלְכָּא עִלָּאָה קַדִּישָׁא וּבִרְשׁוּת שַׁבָּת מַלְכְּתָא וּבִרְשׁוּת יוֹמָא טָבָא קַדִּישָׁא וּבִרְשׁוּת שִׁבְעָה אֻשְׁפִּיזִין עִלָּאִין קַדִּישִׁין וּבִרְשׁוּת מוֹרַי וְרַבּוֹתַי נְבָרֵךְ אֱלֹהֵינוּ שֶׁאָכַלְנוּ מִשֶּׁלּוֹ

ושאר המסובים עונים:

בָּרוּךְ אֱלֹהֵינוּ שֶׁאָכַלְנוּ מִשֶּׁלּוֹ וּבְטוּבוֹ חָיִינוּ

והמזמן חוזר ואומר אחריהם:

בָּרוּךְ אֱלֹהֵינוּ שֶׁאָכַלְנוּ מִשֶּׁלּוֹ וּבְטוּבוֹ חָיִינוּ

ומברכים ברכת המזון

Tres Comensales en *Jol Hamoed* Sucot

Si los que estaban sentados a la mesa en *Jol Hamoed* Sucot, eran tres hombres mayores de 13 años, o más, pero menos de diez, el conductor dice:
«Vamos, bendigamos al Rey supremo sagrado».

Los demás comensales responden diciendo:
«Shamaim»

Entonces el conductor dice:
«Con permiso del Rey supremo sagrado, y con permiso de los siete huéspedes supremos sagrados; y con permiso de mis señores y maestros, bendigamos pues hemos comido de lo de Él».

Los demás comensales responden:
«Bendito sea, pues hemos comido de lo de Él, y vivimos a través de Su bondad».

Después, el que pronunció la primera estrofa también responde:
«Bendito sea, pues hemos comido de lo de Él, y vivimos a través de Su bondad».

Y a continuación se pronuncia la serie de bendiciones que se recitan después de comer pan –*birkat hamazón*–.

זימון בחול המועד סוכות

הָיוּ הַמְּסֻבִּין ג', חַיָּבִים בְּזִמּוּן שֶׁאוֹמֵר אֶחָד מֵהֶם: נְבָרֵךְ שֶׁאָכַלְנוּ מִשֶּׁלּוֹ, וְהֵם עוֹנִים וְאוֹמְרִים: בָּרוּךְ שֶׁאָכַלְנוּ מִשֶּׁלּוֹ וּבְטוּבוֹ חָיִינוּ, וְהוּא חוֹזֵר וְאוֹמֵר: בָּרוּךְ שֶׁאָכַלְנוּ מִשֶּׁלּוֹ וּבְטוּבוֹ חָיִינוּ בָּרוּךְ אַתָּה ה' אֱלֹהֵינוּ מֶלֶךְ הָעוֹלָם הַזָּן אֶת הָעוֹלָם וְכו'; וְאִם הֵם ד' יָכוֹל לוֹמַר: בָּרְכוּ שֶׁאָכַלְנוּ מִשֶּׁלּוֹ, אֲבָל יוֹתֵר טוֹב לוֹמַר נְבָרֵךְ, שֶׁלֹּא לְהוֹצִיא עַצְמוֹ מִן הַכְּלָל (ש"ע א"ח קצב:א).

נוסח הזימון בחול המועד סוכות

אם המסובים הם שלושה אחד מהם אומר:

הַב לָן וְנִבְרִיךְ לְמַלְכָּא עִלָּאָה קַדִּישָׁא

ושאר המסובים עונים:

שמים

אחר כך המזמן אומר:

בִּרְשׁוּת מַלְכָּא עִלָּאָה קַדִּישָׁא וּבִרְשׁוּת שִׁבְעָה אֻשְׁפִּיזִין עִלָּאִין קַדִּישִׁין וּבִרְשׁוּת מוֹרַי וְרַבּוֹתַי נְבָרֵךְ שֶׁאָכַלְנוּ מִשֶּׁלּוֹ

ושאר המסובים עונים:

בָּרוּךְ שֶׁאָכַלְנוּ מִשֶּׁלּוֹ וּבְטוּבוֹ חָיִינוּ

והמזמן חוזר ואומר אחריהם:

בָּרוּךְ שֶׁאָכַלְנוּ מִשֶּׁלּוֹ וּבְטוּבוֹ חָיִינוּ

ומברכים ברכת המזון

Diez Comensales en *Jol Hamoed* Sucot

Si los que estaban sentados a la mesa en *Jol Hamoed* Sucot eran diez hombres mayores de 13 años, se debe mencionar el Nombre de Dios en la invitación para bendecir. Por tanto, uno de los comensales dice:

«Vamos, bendigamos al Rey supremo sagrado».

Los demás comensales responden diciendo:
«*Shamaim*»

Entonces el conductor dice:
«Con permiso del Rey supremo sagrado, y con permiso de los siete huéspedes supremos sagrados; y con permiso de mis señores y maestros, bendigamos a nuestro Dios, pues hemos comido de lo de Él».

Los demás comensales responden:
«Bendito sea nuestro Dios, pues hemos comido de lo de Él, y vivimos a través de Su bondad».

Después, el que pronunció la primera estrofa también responde:
«Bendito sea nuestro Dios, pues hemos comido de lo de Él, y vivimos a través de Su bondad».

Y a continuación se pronuncia la serie de bendiciones que se recitan después de comer pan —*birkat hamazón*—.

זימון בחול המועד סוכות בעשרה

אִם הֵם עֲשָׂרָה, צָרִיךְ לְהַזְכִּיר אֶת ה', שֶׁאוֹמֵר: נְבָרֵךְ אֱלֹהֵינוּ וְכו', וְהֵם עוֹנִים וְאוֹמְרִים: בָּרוּךְ אֱלֹהֵינוּ וְכו'. וְאֵין לוֹמַר נְבָרֵךְ לֵאלֹהֵינוּ בְּלָמֶ"ד. וּבֵין שֶׁיִּהְיוּ עֲשָׂרָה אוֹ מֵאָה אוֹ אֶלֶף אוֹ רִבּוֹא, כָּךְ הֵם מְבָרְכִים; וְכָל הַמְשַׁנֶּה מִזֶּה הַנֹּסַח, כְּגוֹן שֶׁאוֹמֵר: נְבָרֵךְ עַל הַמָּזוֹן שֶׁאָכַלְנוּ, אוֹ שֶׁאוֹמֵר: לְמִי שֶׁאָכַלְנוּ מִשֶּׁלוֹ, אוֹ שֶׁאוֹמֵר בִּמְקוֹם וּבְטוּבוֹ מִטּוּבוֹ, אוֹ בִּמְקוֹם חָיִינוּ אוֹמֵר חַיִּים, הֲרֵי זֶה בּוּר; וּכְשֶׁהֵם עֲשָׂרָה, כֵּיוָן שֶׁמַּזְכִּירִים אֶת הַשֵּׁם יָכוֹל לוֹמַר: נְבָרֵךְ אֱלֹהֵינוּ עַל הַמָּזוֹן שֶׁאָכַלְנוּ מִשֶּׁלוֹ (ש"ע א"ח קצב:א).

נוסח הזימון בחול המועד סוכות בעשרה

אם המסובים הם עשרה אחד מהם אומר:

הַב לָן וְנִבְרִיךְ לְמַלְכָּא עִלָּאָה קַדִּישָׁא

ושאר המסובים עונים:

שמים

אחר כך המזמן אומר:

בִּרְשׁוּת מַלְכָּא עִלָּאָה קַדִּישָׁא וּבִרְשׁוּת שִׁבְעָה אֻשְׁפִּיזִין עִלָּאִין קַדִּישִׁין וּבִרְשׁוּת מוֹרַי וְרַבּוֹתַי נְבָרֵךְ אֱלֹהֵינוּ שֶׁאָכַלְנוּ מִשֶּׁלּוֹ

ושאר המסובים עונים:

בָּרוּךְ אֱלֹהֵינוּ שֶׁאָכַלְנוּ מִשֶּׁלּוֹ וּבְטוּבוֹ חָיִינוּ

והמזמן חוזר ואומר אחריהם:

בָּרוּךְ אֱלֹהֵינוּ שֶׁאָכַלְנוּ מִשֶּׁלּוֹ וּבְטוּבוֹ חָיִינוּ

ומברכים ברכת המזון

Tres Comensales en Shabat *Jol Hamoed* Sucot

Si los que estaban sentados a la mesa en *Jol Hamoed* Sucot que cayó en Shabat, eran tres hombres mayores de 13 años, o más, pero menos de diez, el conductor dice:
«**Vamos, bendigamos al Rey supremo sagrado**».

Los demás comensales responden diciendo:
«*Shamaim*»

Entonces el conductor dice:
«**Con permiso del Rey supremo sagrado, y con permiso de la reina Shabat, y con permiso de los siete huéspedes supremos sagrados; y con permiso de mis señores y maestros, bendigamos pues hemos comido de lo de Él**».

Los demás comensales responden:
«**Bendito sea, pues hemos comido de lo de Él, y vivimos a través de Su bondad**».

Después, el que pronunció la primera estrofa también responde:
«**Bendito sea, pues hemos comido de lo de Él, y vivimos a través de Su bondad**».

Y a continuación se pronuncia la serie de bendiciones que se recitan después de comer pan –*birkat hamazón*–.

BIRKAT HAMAZON

זימון בשבת חול המועד סוכות

הָיוּ הַמְּסֻבִּין ג', חַיָּבִים בְּזִמּוּן שֶׁאוֹמֵר אֶחָד מֵהֶם: נְבָרֵךְ שֶׁאָכַלְנוּ מִשֶּׁלּוֹ, וְהֵם עוֹנִים וְאוֹמְרִים: בָּרוּךְ שֶׁאָכַלְנוּ מִשֶּׁלּוֹ וּבְטוּבוֹ חָיִינוּ, וְהוּא חוֹזֵר וְאוֹמֵר: בָּרוּךְ שֶׁאָכַלְנוּ מִשֶּׁלּוֹ וּבְטוּבוֹ חָיִינוּ בָּרוּךְ אַתָּה ה' אֱלֹהֵינוּ מֶלֶךְ הָעוֹלָם הַזָּן אֶת הָעוֹלָם וְכוּ' (ש"ע א"ח קצב:א).

נוסח הזימון בשבת חול המועד סוכות

אם המסובים הם שלושה אחד מהם אומר:

הַב לָן וְנִבְרִיךְ לְמַלְכָּא עִלָּאָה קַדִּישָׁא

ושאר המסובים עונים:

שמים

אחר כך המזמן אומר:

בִּרְשׁוּת מַלְכָּא עִלָּאָה קַדִּישָׁא וּבִרְשׁוּת שַׁבָּת מַלְכְּתָא וּבִרְשׁוּת שִׁבְעָה אֻשְׁפִּיזִין עִלָּאִין קַדִּישִׁין וּבִרְשׁוּת מוֹרַי וְרַבּוֹתַי נְבָרֵךְ שֶׁאָכַלְנוּ מִשֶּׁלּוֹ

ושאר המסובים עונים:

בָּרוּךְ שֶׁאָכַלְנוּ מִשֶּׁלּוֹ וּבְטוּבוֹ חָיִינוּ

והמזמן חוזר ואומר אחריהם:

בָּרוּךְ שֶׁאָכַלְנוּ מִשֶּׁלּוֹ וּבְטוּבוֹ חָיִינוּ

ומברכים ברכת המזון

Diez Comensales en Shabat *Jol Hamoed* Sucot

Si los que estaban sentados a la mesa en *Jol Hamoed* Sucot que cayó en Shabat eran diez hombres mayores de 13 años, se debe mencionar el Nombre de Dios en la invitación para bendecir. Por tanto, uno de los comensales dice:

«Vamos, bendigamos al Rey supremo sagrado».

Los demás comensales responden diciendo:
«*Shamaim*»

Entonces el conductor dice:
«Con permiso del Rey supremo sagrado, y con permiso de la reina Shabat, y con permiso de los siete huéspedes supremos sagrados; y con permiso de mis señores y maestros, bendigamos a nuestro Dios pues hemos comido de lo de Él».

Los demás comensales responden:
«Bendito sea nuestro Dios, pues hemos comido de lo de Él, y vivimos a través de Su bondad».

Después, el que pronunció la primera estrofa también responde:
«Bendito sea nuestro Dios, pues hemos comido de lo de Él, y vivimos a través de Su bondad».

Y a continuación se pronuncia la serie de bendiciones que se recitan después de comer pan –*birkat hamazón*–.

זימון בשבת חול המועד סוכות בעשרה

אִם הֵם עֲשָׂרָה, צָרִיךְ לְהַזְכִּיר אֶת ה', שֶׁאוֹמֵר: נְבָרֵךְ אֱלֹהֵינוּ וְכו', וְהֵם עוֹנִים וְאוֹמְרִים: בָּרוּךְ אֱלֹהֵינוּ וְכו'. וְאֵין לוֹמַר נְבָרֵךְ לֵאלֹהֵינוּ בְּלָמֶ"ד. וּבֵין שֶׁיִּהְיוּ עֲשָׂרָה אוֹ מֵאָה אוֹ אֶלֶף אוֹ רִבּוֹא, כָּךְ הֵם מְבָרְכִים; וְכָל הַמְשַׁנֶּה מִזֶּה הַנֻּסָּח, כְּגוֹן שֶׁאוֹמֵר: נְבָרֵךְ עַל הַמָּזוֹן שֶׁאָכַלְנוּ, אוֹ שֶׁאוֹמֵר: לְמִי שֶׁאָכַלְנוּ מִשֶּׁלּוֹ, אוֹ שֶׁאוֹמֵר בִּמְקוֹם וּבְטוּבוֹ מִטּוּבוֹ, אוֹ בִּמְקוֹם חָיִינוּ אוֹמֵר חַיִּים, הֲרֵי זֶה בּוּר; וּכְשֶׁהֵם עֲשָׂרָה, כֵּיוָן שֶׁמַּזְכִּירִים אֶת הַשֵּׁם יָכוֹל לוֹמַר: נְבָרֵךְ אֱלֹהֵינוּ עַל הַמָּזוֹן שֶׁאָכַלְנוּ מִשֶּׁלּוֹ (ש"ע א"ח קצב:א).

נוסח הזימון בשבת חול המועד סוכות בעשרה

אם המסובים הם עשרה אחד מהם אומר:

הַב לָן וְנִבְרִיךְ לְמַלְכָּא עִלָּאָה קַדִּישָׁא

ושאר המסובים עונים:

שמים

אחר כך המזמן אומר:

בִּרְשׁוּת מַלְכָּא עִלָּאָה קַדִּישָׁא וּבִרְשׁוּת שַׁבָּת מַלְכְּתָא וּבִרְשׁוּת שִׁבְעָה אֻשְׁפִּיזִין עִלָּאִין קַדִּישִׁין וּבִרְשׁוּת מוֹרַי וְרַבּוֹתַי נְבָרֵךְ אֱלֹהֵינוּ שֶׁאָכַלְנוּ מִשֶּׁלּוֹ

ושאר המסובים עונים:

בָּרוּךְ אֱלֹהֵינוּ שֶׁאָכַלְנוּ מִשֶּׁלּוֹ וּבְטוּבוֹ חָיִינוּ

והמזמן חוזר ואומר אחריהם:

בָּרוּךְ אֱלֹהֵינוּ שֶׁאָכַלְנוּ מִשֶּׁלּוֹ וּבְטוּבוֹ חָיִינוּ

ומברכים ברכת המזון

Tres Comensales en un Banquete de Bodas

Si en un banquete de bodas los comensales eran tres hombres mayores de 13 años, o más, pero menos de diez, uno de ellos conduce la invitación y dice:
«Vamos, bendigamos al Rey supremo sagrado».

Los demás comensales responden diciendo:
«*Shamaim*»

Entonces el conductor dice:
«Con permiso del Rey supremo sagrado, y con permiso de mis señores y maestros, bendigamos a El que en Su Casa hay alegría, pues hemos comido de lo de Él».

Los demás comensales responden:
«Bendito sea El que en su Casa hay alegría, pues hemos comido de lo de Él, y vivimos a través de Su bondad».

Después, el que pronunció la primera estrofa también responde:
«Bendito sea El que en su Casa hay alegría, pues hemos comido de lo de Él, y vivimos a través de Su bondad».

Y a continuación se pronuncia la serie de bendiciones que se recitan después de comer pan –*birkat hamazón*–.

זימון בסעודת חתן

הָיוּ הַמְּסֻבִּין ג', חַיָּבִים בְּזִמּוּן שֶׁאוֹמֵר אֶחָד מֵהֶם: נְבָרֵךְ שֶׁאָכַלְנוּ מִשֶּׁלּוֹ, וְהֵם עוֹנִים וְאוֹמְרִים: בָּרוּךְ שֶׁאָכַלְנוּ מִשֶּׁלּוֹ וּבְטוּבוֹ חָיִינוּ, וְהוּא חוֹזֵר וְאוֹמֵר: בָּרוּךְ שֶׁאָכַלְנוּ מִשֶּׁלּוֹ וּבְטוּבוֹ חָיִינוּ בָּרוּךְ אַתָּה ה' אֱלֹהֵינוּ מֶלֶךְ הָעוֹלָם הַזָּן אֶת הָעוֹלָם וְכוּ'; וְאִם הֵם ד' יָכוֹל לוֹמַר: בָּרְכוּ שֶׁאָכַלְנוּ מִשֶּׁלּוֹ, אֲבָל יוֹתֵר טוֹב לוֹמַר נְבָרֵךְ, שֶׁלֹּא לְהוֹצִיא עַצְמוֹ מִן הַכְּלָל (ש"ע א"ח קצב:א).

נוסח הזימון בסעודת חתן

אם המסובים הם שלשה אחד מהם אומר:

הַב לָן וְנִבְרִיךְ לְמַלְכָּא עִלָּאָה קַדִּישָׁא

ושאר המסובים עונים:

שמים

אחר כך המזמן אומר:

בִּרְשׁוּת מַלְכָּא עִלָּאָה קַדִּישָׁא וּבִרְשׁוּת מוֹרַי וְרַבּוֹתַי נְבָרֵךְ שֶׁהַשִּׂמְחָה בִּמְעוֹנוֹ שֶׁאָכַלְנוּ מִשֶּׁלּוֹ

ושאר המסובים עונים:

בָּרוּךְ שֶׁהַשִּׂמְחָה בִּמְעוֹנוֹ שֶׁאָכַלְנוּ מִשֶּׁלּוֹ וּבְטוּבוֹ חָיִינוּ

והמזמן חוזר ואומר אחריהם:

בָּרוּךְ שֶׁהַשִּׂמְחָה בִּמְעוֹנוֹ שֶׁאָכַלְנוּ מִשֶּׁלּוֹ וּבְטוּבוֹ חָיִינוּ

ומברכים ברכת המזון

Diez Comensales en un Banquete de Bodas

En un banquete de bodas, si eran diez hombres mayores de 13 años, se debe mencionar el Nombre de Dios en la invitación para bendecir. Por tanto, el comensal que conducirá la invitación dice:

«Vamos, bendigamos al Rey supremo sagrado».

Los demás comensales responden diciendo:
«*Shamaim*»

Entonces el conductor dice:
«Con permiso del Rey supremo sagrado, y con permiso de mis señores y maestros, bendigamos a nuestro Dios, en cuya Casa hay alegría, pues hemos comido de lo de Él».

Los demás comensales responden:
«Bendito sea nuestro Dios, en cuya Casa hay alegría, que hemos comido de lo de Él, y vivimos a través de Su bondad».

Después, el que pronunció la primera estrofa también responde:
«Bendito sea nuestro Dios, en cuya Casa hay alegría, que hemos comido de lo de Él, y vivimos a través de Su bondad».

Y a continuación se pronuncia la serie de bendiciones que se recitan después de comer pan –*birkat hamazón*–.

זימון בסעודת חתן בעשרה

אִם הֵם עֲשָׂרָה, צָרִיךְ לְהַזְכִּיר אֶת ה', שֶׁאוֹמֵר: נְבָרֵךְ אֱלֹהֵינוּ וְכוּ', וְהֵם עוֹנִים וְאוֹמְרִים: בָּרוּךְ אֱלֹהֵינוּ וְכוּ'. וְאֵין לוֹמַר נְבָרֵךְ לֵאלֹהֵינוּ בְּלָמֶ"ד. וּבֵין שֶׁיִּהְיוּ עֲשָׂרָה אוֹ מֵאָה אוֹ אֶלֶף אוֹ רִבּוֹא, כָּךְ הֵם מְבָרְכִים; וְכָל הַמְשַׁנֶּה מִזֶּה הַנֹּסָח, כְּגוֹן שֶׁאוֹמֵר: נְבָרֵךְ עַל הַמָּזוֹן שֶׁאָכַלְנוּ, אוֹ שֶׁאוֹמֵר: לְמִי שֶׁאָכַלְנוּ מִשֶּׁלּוֹ, אוֹ שֶׁאוֹמֵר בִּמְקוֹם וּבְטוּבוֹ מִטּוּבוֹ, אוֹ בִּמְקוֹם חָיִינוּ אוֹמֵר חַיִּים, הֲרֵי זֶה בּוּר; וּכְשֶׁהֵם עֲשָׂרָה, כֵּיוָן שֶׁמַּזְכִּירִים אֶת הַשֵּׁם יָכוֹל לוֹמַר: נְבָרֵךְ אֱלֹהֵינוּ עַל הַמָּזוֹן שֶׁאָכַלְנוּ מִשֶּׁלּוֹ (ש"ע א"ח קצב:א).

נוסח הזימון בסעודת חתן בעשרה

אם המסובים הם עשרה אחד מהם אומר:

הַב לָן וְנִבְרִיךְ לְמַלְכָּא עִלָּאָה קַדִּישָׁא

ושאר המסובים עונים:

שמים

אחר כך המזמן אומר:

בִּרְשׁוּת מַלְכָּא עִלָּאָה קַדִּישָׁא וּבִרְשׁוּת מוֹרַי וְרַבּוֹתַי נְבָרֵךְ אֱלֹהֵינוּ שֶׁהַשִּׂמְחָה בִּמְעוֹנוֹ שֶׁאָכַלְנוּ מִשֶּׁלּוֹ

ושאר המסובים עונים:

בָּרוּךְ אֱלֹהֵינוּ שֶׁהַשִּׂמְחָה בִּמְעוֹנוֹ שֶׁאָכַלְנוּ מִשֶּׁלּוֹ וּבְטוּבוֹ חָיִינוּ

והמזמן חוזר ואומר אחריהם:

בָּרוּךְ אֱלֹהֵינוּ שֶׁהַשִּׂמְחָה בִּמְעוֹנוֹ שֶׁאָכַלְנוּ מִשֶּׁלּוֹ וּבְטוּבוֹ חָיִינוּ

ומברכים ברכת המזון

IV

Birkat Hamazón

Esta es la serie de bendiciones que se recitan después de comer pan –*birkat hamazón*–.

Primera Bendición

[7]**Bendito eres Tú, El Eterno, Dios nuestro, Rey del universo, El Poderoso, Quién nos alimenta a nosotros y al mundo entero con Su benevolencia, con gracia, bondad, amplitud y abundante misericordia.** Él proporciona alimento a todos los seres vivientes, porque Su bondad es eterna. Y por Su gran bondad nunca nos faltó alimento ni nos faltará jamás. **Pues Él es El Dios que alimenta y sustenta a todos, y Su mesa está preparada para todos, y Él** dispuso comestibles y alimento para todos los seres que creó, con Su misericordia y con Su abundante bondad, como está escrito: «Abres Tu mano, y satisfaces la voluntad de todo ser viviente»[8]. **Bendito eres Tú, El Eterno, que alimenta a todos.**

[7] *Birkat Hamazon* se recita en toda lengua (Shulján Aruj *Oraj Jaim* 185:1).

[8] Salmos 145:16

ברכה ראשונה

בָּרוּךְ אַתָּה יְהֹוָה אֱלֹהֵינוּ מֶלֶךְ הָעוֹלָם, הָאֵל הַזָּן אוֹתָנוּ וְאֶת הָעוֹלָם כֻּלּוֹ בְּטוּבוֹ, בְּחֵן בְּחֶסֶד בְּרֵיוַח וּבְרַחֲמִים רַבִּים, נֹתֵן לֶחֶם לְכָל בָּשָׂר כִּי לְעוֹלָם חַסְדּוֹ, וּבְטוּבוֹ הַגָּדוֹל, תָּמִיד לֹא חָסַר לָנוּ, וְאַל יֶחְסַר לָנוּ מָזוֹן תָּמִיד לְעוֹלָם וָעֶד, כִּי הוּא אֵל זָן וּמְפַרְנֵס לַכֹּל, וְשֻׁלְחָנוֹ עָרוּךְ לַכֹּל, וְהִתְקִין מִחְיָה וּמָזוֹן לְכָל בְּרִיּוֹתָיו אֲשֶׁר בָּרָא בְּרַחֲמָיו וּבְרוֹב חֲסָדָיו, כָּאָמוּר, פּוֹתֵחַ אֶת יָדֶךָ, וּמַשְׂבִּיעַ לְכָל חַי רָצוֹן, בָּרוּךְ אַתָּה יְהֹוָה הַזָּן אֶת הַכֹּל.

הלכות בה"מ

בִּרְכַּת הַמָּזוֹן נֶאֱמֶרֶת בְּכָל לָשׁוֹן (ש"ע א"ח קפה:א).

צָרִיךְ שֶׁיַּשְׁמִיעַ לְאָזְנָיו מַה שֶּׁמּוֹצִיא בִּשְׂפָתָיו, וְאִם לֹא הִשְׁמִיעַ לְאָזְנָיו יָצָא, וּבִלְבַד שֶׁיּוֹצִיא בִּשְׂפָתָיו (ש"ע א"ח קפה:ב).

אבל אם הרהר בלבו לא יצא. ונ"ל דאם מחמת חולי או אונס אחר קרא בלבו יצא כמו בעל קרי (מ"א). מצאתי למה אין **ף** בבה"מ לפי שכל מי שבירך בה"מ בכוונה אין שולט בו לא אף ולא קצף וכו' ומזונותיו מצוין לו בריוח ובכבוד כל ימיו (ספר החינוך, עטרת זקנים). והמדקדק יזהר לברך דוקא תוך הספר ולא בע"פ (ב"ח). [כתב בס' חסידים מעשה באחד שמת ונתגלה בחלום לאחד מקרוביו וא"ל בכל יום דנין אותי על שלא הייתי מדקדק לברך כל הברכות בכוונת הלב כו' ע"ש ובספר אליהו רבה] (באר היטב).

אֲפִלּוּ נִשְׁתַּכֵּר כָּל כָּךְ עַד שֶׁאֵינוֹ יָכוֹל לְדַבֵּר כָּרָאוּי, יָכוֹל לְבָרֵךְ בִּרְכַּת הַמָּזוֹן (ש"ע א"ח קפה:ד).

נָשִׁים חַיָּבוֹת בְּבִרְכַּת הַמָּזוֹן, וְסָפֵק הוּא אִם הֵן חַיָּבוֹת מִדְּאוֹרַיְיתָא וּמוֹצִיאוֹת אֶת הָאֲנָשִׁים, אוֹ אִם אֵינָן חַיָּבוֹת אֶלָּא מִדְּרַבָּנָן וְאֵינָן מוֹצִיאוֹת אֶלָּא לְמִי שֶׁאֵין חִיּוּבוֹ אֶלָּא מִדְּרַבָּנָן (ש"ע א"ח קפו:א).

קָטָן חַיָּב מִדְּרַבָּנָן, כְּדֵי לְחַנְּכוֹ; וְהַהִיא דְּבֵן מְבָרֵךְ לְאָבִיו, כְּשֶׁלֹּא אָכַל הָאָב כְּדֵי שְׂבִיעָה, שֶׁאֵינוֹ חַיָּב אֶלָּא מִדְּרַבָּנָן (ש"ע א"ח קפו:ב).

Segunda Bendición

El Eterno, Dios nuestro, Te agradecemos porque has dado en heredad a nuestros ancestros una tierra deseable, buena y amplia; el Pacto, la Torá, vida, y alimento. Porque Tú nos has sacado de la tierra de Egipto, y nos has redimido de una casa de esclavos. Y por Tu Pacto que has sellado en nuestra carne, y por Tu Torá que nos has enseñado, y por las leyes de Tu voluntad que nos hiciste saber, y por la vida y el alimento con que nos nutres y sustentas.

Agregado para Purim

En Purim se agrega:

Y –te agradecemos– por los milagros, y por la redención, y por los actos de poder, y por las salvaciones, y por las maravillas, y por los consuelos, que has hecho a nuestros ancestros en aquellos días en esta fecha.

En los días de Mordejai y Ester, en la capital Shushán, cuando se levantó contra ellos el malvado Hamán, solicitó destruir, asesinar y aniquilar a todos los judíos, desde el joven hasta el anciano, niños y mujeres, en un día, el trece del mes duodécimo, que es el mes Adar, y saquear su botín. Y Tú, con tus abundantes misericordias anulaste su idea, frustrarte su pensamiento, y le hiciste volver sobre su cabeza la acción que planeaba, y lo colgaron a él y a sus hijos en el palo. E hiciste con ellos milagros y maravillas, y agradeceremos en Tu gran Nombre por siempre.

ברכה שנית

נוֹדֶה לְּךָ יְהֹוָה אֱלֹהֵינוּ, עַל שֶׁהִנְחַלְתָּ לַאֲבוֹתֵינוּ אֶרֶץ חֶמְדָּה טוֹבָה וּרְחָבָה, בְּרִית וְתוֹרָה, חַיִּים וּמָזוֹן. עַל שֶׁהוֹצֵאתָנוּ מֵאֶרֶץ מִצְרַיִם, וּפְדִיתָנוּ מִבֵּית עֲבָדִים. וְעַל בְּרִיתְךָ שֶׁחָתַמְתָּ בִּבְשָׂרֵנוּ. וְעַל תּוֹרָתְךָ שֶׁלִּמַּדְתָּנוּ. וְעַל חֻקֵּי רְצוֹנָךְ שֶׁהוֹדַעְתָּנוּ. וְעַל חַיִּים וּמָזוֹן שָׁאַתָּה זָן וּמְפַרְנֵס אוֹתָנוּ.

בפורים אומרים כאן:

עַל הַנִּסִּים וְעַל הַפֻּרְקָן וְעַל הַגְּבוּרוֹת וְעַל הַתְּשׁוּעוֹת וְעַל הַנִּפְלָאוֹת וְעַל הַנֶּחָמוֹת שֶׁעָשִׂיתָ לַאֲבוֹתֵינוּ בַּיָּמִים הָהֵם בַּזְּמַן הַזֶּה.

בִּימֵי מָרְדְּכַי וְאֶסְתֵּר בְּשׁוּשַׁן הַבִּירָה כְּשֶׁעָמַד עֲלֵיהֶם הָמָן הָרָשָׁע בִּקֵּשׁ לְהַשְׁמִיד לַהֲרוֹג וּלְאַבֵּד אֶת כָּל הַיְּהוּדִים מִנַּעַר וְעַד זָקֵן טַף וְנָשִׁים בְּיוֹם אֶחָד בִּשְׁלֹשָׁה עָשָׂר לְחֹדֶשׁ שְׁנֵים עָשָׂר הוּא חֹדֶשׁ אֲדָר וּשְׁלָלָם לָבוֹז וְאַתָּה בְּרַחֲמֶיךָ הָרַבִּים הֵפַרְתָּ אֶת עֲצָתוֹ וְקִלְקַלְתָּ אֶת מַחֲשַׁבְתּוֹ וַהֲשֵׁבוֹתָ לוֹ גְּמוּלוֹ בְרֹאשׁוֹ וְתָלוּ אוֹתוֹ וְאֶת בָּנָיו עַל הָעֵץ וְעָשִׂיתָ עִמָּהֶם נִסִּים וְנִפְלָאוֹת וְנוֹדֶה לְשִׁמְךָ הַגָּדוֹל סֶלָה.

Agregado para Januca

> **En Januca se agrega:**
>
> Y –te agradecemos– por los milagros, y por la redención, y por los actos de poder, y por las salvaciones, y por las maravillas, y por los consuelos, que has hecho a nuestros ancestros en aquellos días en esta fecha.
>
> En los días de Matitiahu, hijo de Yojanán el sumo sacerdote jashmonita y sus hijos, cuando se levantó el perverso reino helénico contra Tu pueblo Israel para hacerles olvidar Tu Torá y apartarlos de los decretos de Tu voluntad, y Tú, con Tus abundantes misericordias, Te levantaste por ellos en el momento de su aflicción; libraste sus batallas, juzgaste el juicio de ellos, vengaste la venganza de ellos, entregaste a fuertes en manos de débiles, a muchos en manos de pocos, a impuros en manos de puros, a malvados en manos de justos, y a pecadores deliberados en manos de quienes se ocupaban de –estudiar y cumplir– Tu Torá. Y has hecho un Nombre grande y santo para Ti en Tu mundo, y para Tu pueblo Israel realizaste una gran salvación y redención hasta este día. Y después Tus hijos entraron al Lugar de Tu Casa, limpiaron Tu Templo, purificaron Tu Santuario, encendieron luminarias en Tus sagrados atrios, y establecieron estos ocho días de Januca para agradecer y alabar. Y Tú hiciste con ellos milagros y maravillas, y agradeceremos en Tu gran Nombre por siempre.

Por todo esto, El Eterno, Dios nuestro, nosotros Te agradecemos y bendecimos Tu Nombre, como está escrito: «Comerás y te saciarás y bendecirás al Eterno, tu Dios, por la buena Tierra que te dio» (Deuteronomio 8:19). Bendito eres Tú, El Eterno, por la Tierra y por el alimento.

בחנוכה אומרים כאן:

עַל הַנִּסִּים וְעַל הַפֻּרְקָן וְעַל הַגְּבוּרוֹת וְעַל הַתְּשׁוּעוֹת וְעַל הַנִּפְלָאוֹת וְעַל הַנֶּחָמוֹת שֶׁעָשִׂיתָ לַאֲבוֹתֵינוּ בַּיָּמִים הָהֵם בַּזְּמַן הַזֶּה.

בִּימֵי מַתִּתְיָה בֶן יוֹחָנָן כֹּהֵן גָּדוֹל חַשְׁמוֹנָאִי וּבָנָיו כְּשֶׁעָמְדָה מַלְכוּת יָוָן הָרְשָׁעָה עַל עַמְּךָ יִשְׂרָאֵל לְשַׁכְּחָם תּוֹרָתֶךָ וּלְהַעֲבִירָם מֵחֻקֵּי רְצוֹנֶךָ וְאַתָּה בְּרַחֲמֶיךָ הָרַבִּים עָמַדְתָּ לָהֶם בְּעֵת צָרָתָם רַבְתָּ אֶת רִיבָם דַּנְתָּ אֶת דִּינָם נָקַמְתָּ אֶת נִקְמָתָם מָסַרְתָּ גִבּוֹרִים בְּיַד חַלָּשִׁים וְרַבִּים בְּיַד מְעַטִּים וּטְמֵאִים בְּיַד טְהוֹרִים וּרְשָׁעִים בְּיַד צַדִּיקִים וְזֵדִים בְּיַד עוֹסְקֵי תוֹרָתֶךָ לְךָ עָשִׂיתָ שֵׁם גָּדוֹל וְקָדוֹשׁ בְּעוֹלָמֶךָ וּלְעַמְּךָ יִשְׂרָאֵל עָשִׂיתָ תְּשׁוּעָה גְדוֹלָה וּפֻרְקָן כְּהַיּוֹם הַזֶּה וְאַחַר כָּךְ בָּאוּ בָנֶיךָ לִדְבִיר בֵּיתֶךָ וּפִנּוּ אֶת הֵיכָלֶךָ וְטִהֲרוּ אֶת מִקְדָּשֶׁךָ וְהִדְלִיקוּ נֵרוֹת בְּחַצְרוֹת קָדְשֶׁךָ וְקָבְעוּ שְׁמוֹנַת יְמֵי חֲנֻכָּה אֵלּוּ בְּהַלֵּל גָּמוּר וּבְהוֹדָאָה, וְעָשִׂיתָ עִמָּהֶם נִסִּים וְנִפְלָאוֹת וְנוֹדֶה לְשִׁמְךָ הַגָּדוֹל סֶלָה.

עַל הַכֹּל יְהֹוָה אֱלֹהֵינוּ אֲנַחְנוּ מוֹדִים לָךְ וּמְבָרְכִים אֶת שְׁמָךְ כָּאָמוּר וְאָכַלְתָּ וְשָׂבָעְתָּ. וּבֵרַכְתָּ אֶת יְהֹוָה אֱלֹהֶיךָ עַל הָאָרֶץ הַטּוֹבָה אֲשֶׁר נָתַן לָךְ: בָּרוּךְ אַתָּה יְהֹוָה עַל הָאָרֶץ וְעַל הַמָּזוֹן.

Tercera Bendición

El Eterno, Dios nuestro, ten misericordia de nosotros y de Tu pueblo Israel, y de Tu ciudad Jerusalén, y del Monte de Tzión, la morada de Tu Gloria, y de Tu Templo, y de Tu Residencia, y de Tu Lugar Santo, y de la Casa grande y sagrada que fue llamada a Tu Nombre. Padre nuestro, Pastor nuestro, aliméntanos, susténtanos, provéenos de nuestras necesidades con abundancia, y líbranos pronto El Eterno, Dios nuestro, de todas nuestras aflicciones. Y por favor, El Eterno, Dios nuestro, no nos hagas tener necesidad de dádivas de seres humanos, ni préstamos de ellos, sino sólo de Tu mano llena, amplia, generosa y abierta. Y sea Tu voluntad que no seamos jamás avergonzados en este mundo, ni humillados en el Mundo Venidero. Y restituye el reinado de David, Tu ungido, pronto y en nuestros días.

Agregado para Shabat

En Shabat se agrega:

Acepta y fortifícanos, El Eterno, Dios nuestro, en Tus preceptos y en el precepto del séptimo día, este Shabat grande y sagrado. Pues éste es un día grande y sagrado delante de Ti. Y descansaremos en él, y reposaremos en él, y nos deleitarnos en él, conforme al precepto de los estatutos de Tu voluntad. Y que no haya aflicción ni angustia en el día de nuestro reposo. Y muéstranos el consuelo de Tzión, pronto en nuestros días, pues Tú eres El Señor de los consuelos. Y aunque hemos comido y bebido, no hemos olvidado la destrucción de Tu Casa grande y santa; no nos olvides jamás ni nunca nos abandones, pues Tú eres El Poderoso, Rey Grande y Santo.

ברכה שלשית

רַחֵם יְהֹוָה אֱלֹהֵינוּ עָלֵינוּ וְעַל יִשְׂרָאֵל עַמֶּךָ. וְעַל יְרוּשָׁלַיִם עִירֶךָ. וְעַל הַר צִיּוֹן מִשְׁכַּן כְּבוֹדֶךָ וְעַל הֵיכָלֶךָ. וְעַל מְעוֹנֶךָ. וְעַל דְּבִירֶךָ. וְעַל הַבַּיִת הַגָּדוֹל וְהַקָּדוֹשׁ שֶׁנִּקְרָא שִׁמְךָ עָלָיו. אָבִינוּ רְעֵנוּ זוּנֵנוּ. פַּרְנְסֵנוּ כַּלְכְּלֵנוּ. הַרְוִיחֵנוּ הַרְוַח לָנוּ מְהֵרָה מִכָּל צָרוֹתֵינוּ. וְנָא אַל תַּצְרִיכֵנוּ יְהֹוָה אֱלֹהֵינוּ לִידֵי מַתְּנוֹת בָּשָׂר וָדָם. וְלֹא לִידֵי הַלְוָאָתָם. אֶלָּא לְיָדְךָ הַמְּלֵאָה וְהָרְחָבָה. הָעֲשִׁירָה וְהַפְּתוּחָה. יְהִי רָצוֹן שֶׁלֹּא נֵבוֹשׁ בָּעוֹלָם הַזֶּה. וְלֹא נִכָּלֵם לָעוֹלָם הַבָּא. וּמַלְכוּת בֵּית דָּוִד מְשִׁיחָךְ תַּחֲזִירֶנָּה לִמְקוֹמָהּ בִּמְהֵרָה בְיָמֵינוּ.

בשבת אומרים כאן:

רְצֵה וְהַחֲלִיצֵנוּ יְהֹוָה אֱלֹהֵינוּ בְּמִצְוֹתֶיךָ וּבְמִצְוַת יוֹם הַשְּׁבִיעִי. הַשַּׁבָּת הַגָּדוֹל וְהַקָּדוֹשׁ הַזֶּה כִּי יוֹם גָּדוֹל וְקָדוֹשׁ הוּא מִלְּפָנֶיךָ. נִשְׁבּוֹת בּוֹ וְנָנוּחַ בּוֹ וְנִתְעַנֵּג בּוֹ כְּמִצְוַת חֻקֵּי רְצוֹנֶךָ. וְאַל תְּהִי צָרָה וְיָגוֹן בְּיוֹם מְנוּחָתֵנוּ. וְהַרְאֵנוּ בְּנֶחָמַת צִיּוֹן בִּמְהֵרָה בְיָמֵינוּ. כִּי אַתָּה הוּא בַּעַל הַנֶּחָמוֹת וְהַגַם שֶׁאָכַלְנוּ וְשָׁתִינוּ חָרְבַּן בֵּיתְךָ הַגָּדוֹל וְהַקָּדוֹשׁ לֹא שָׁכַחְנוּ. אַל תִּשְׁכָּחֵנוּ לָנֶצַח וְאַל תִּזְנָחֵנוּ לָעַד כִּי אֵל מֶלֶךְ גָּדוֹל וְקָדוֹשׁ אָתָּה.

Agregado para *Rosh Jodesh* y Festividades

En el comienzo de mes, Festividades, y los días intermedios entre el primer y último día de la Festividad – *Jol Hamoed*- de Pesaj y Sucot se agrega:

Dios nuestro y Dios de nuestros padres, ascienda, venga, llegue, y sea visto, aceptado, escuchado, rememorado y recordado nuestro recuerdo y el recuerdo de nuestros padres, y el recuerdo de Jerusalén, Tu ciudad, y el recuerdo del Mesías hijo de David Tu siervo, y el recuerdo de todo Tu pueblo, la Casa de Israel, ante Ti, para salvación, bien, gracia, bondad y misericordia, buena vida y paz

En el comienzo de mes –*Rosh Jodesh*– se agrega:
en el día de este comienzo de mes

En la Festividad de Pesaj se agrega:
en el día de esta Festividad del Pan Ácimo, en el día festivo de esta santa convocación.

En los días intermedios entre el primer y último día de la Festividad de Pesaj –*Jol Hamoed*– se agrega:
en el día de esta Festividad del Pan Ácimo, en el día de esta santa convocación.

En la Festividad de Shavuot se agrega:
en el día de esta Festividad de Shavuot, en el día festivo de esta santa convocación.

En Rosh Hashaná se agrega:
en el día de este Día del Recuerdo, en el día festivo de esta santa convocación.

בראש חודש ביום טוב ובחול המועד אומרים כאן:

אֱלֹהֵינוּ וֵאלֹהֵי אֲבוֹתֵינוּ, יַעֲלֶה וְיָבֹא, יַגִּיעַ יֵרָאֶה וְיֵרָצֶה, יִשָּׁמַע יִפָּקֵד וְיִזָּכֵר, זִכְרוֹנֵנוּ וְזִכְרוֹן אֲבוֹתֵינוּ, זִכְרוֹן יְרוּשָׁלַיִם עִירֶךָ, וְזִכְרוֹן מָשִׁיחַ בֶּן דָּוִד עַבְדֶּךָ, וְזִכְרוֹן כָּל עַמְּךָ בֵּית יִשְׂרָאֵל לְפָנֶיךָ, לִפְלֵטָה, לְטוֹבָה, לְחֵן, לְחֶסֶד וּלְרַחֲמִים לְחַיִּים טוֹבִים וּלְשָׁלוֹם בְּיוֹם

בראש חדש:

רֹאשׁ חֹדֶשׁ הַזֶּה

בפסח:

חַג הַמַּצּוֹת הַזֶּה, בְּיוֹם טוב מִקְרָא קֹדֶשׁ הַזֶּה

בחול המועד פסח:

חַג הַמַּצּוֹת הַזֶּה, בְּיוֹם מִקְרָא קֹדֶשׁ הַזֶּה

בשבועות:

חג השבועות הזה, בְּיוֹם טוב מִקְרָא קֹדֶשׁ הַזֶּה

בראש השנה:

הזכרון הזה, בְּיוֹם טוב מִקְרָא קֹדֶשׁ הַזֶּה

> **En la Festividad de Sucot se agrega:**
> en el día de esta Festividad de Sucot, en el día festivo de esta santa convocación.
>
> **En los días intermedios entre el primer y último día de la Festividad de Sucot –*Jol Hamoed*– se agrega:**
> en el día de esta Festividad de Sucot, en el día de esta santa convocación.
>
> **En la Festividad de Simja Torá y Sheminí Atzeret se agrega:**
> en el día de esta Festividad de Sheminí Atzeret, en el día festivo de esta santa convocación.
>
> **Para que tengas misericordia de nosotros en él** –en este día– **y nos salves. El Eterno, nuestro Dios, recuérdanos en él** –en este día–, **para bien, y tráenos a memoria en él para bendición; y ampáranos en él para una buena vida. Y con palabra de salvación y misericordia, considéranos, agrácianos, apiádate, ten misericordia de nosotros y sálvanos; porque nuestros ojos están dirigidos a Ti, pues Tú Dios, eres El Poderoso Rey misericordioso y que agracia.**

Y reconstruye a Jerusalén, Tu ciudad, pronto en nuestros días. Bendito eres Tú, El Eterno, que reconstruye a Jerusalén. (Y en silencio se dice): **Amén.**

בסוכות:

חַג הַסֻּכּוֹת הַזֶּה, בְּיוֹם טוֹב מִקְרָא קֹדֶשׁ הַזֶּה

בחול המועד סוכות:

חַג הַסֻּכּוֹת הַזֶּה, בְּיוֹם מִקְרָא קֹדֶשׁ הַזֶּה

בשמיני עצרת ושמחה תורה:

שמיני, חג עצרת הזה, בְּיוֹם טוֹב מִקְרָא קֹדֶשׁ הַזֶּה

לְרַחֵם בּוֹ עָלֵינוּ וּלְהוֹשִׁיעֵנוּ. זָכְרֵנוּ יְהֹוָה אֱלֹהֵינוּ בּוֹ לְטוֹבָה, וּפָקְדֵנוּ בוֹ לִבְרָכָה, וְהוֹשִׁיעֵנוּ בוֹ לְחַיִּים טוֹבִים, בִּדְבַר יְשׁוּעָה וְרַחֲמִים. חוּס וְחָנֵּנוּ, וַחֲמֹל וְרַחֵם עָלֵינוּ, וְהוֹשִׁיעֵנוּ כִּי אֵלֶיךָ עֵינֵינוּ, כִּי אֵל מֶלֶךְ חַנּוּן וְרַחוּם אָתָּה.

וְתִבְנֶה יְרוּשָׁלַיִם עִירָךְ בִּמְהֵרָה בְיָמֵינוּ. בָּרוּךְ אַתָּה יְהֹוָה בּוֹנֵה יְרוּשָׁלָיִם.

ואומר בלחש:

אָמֵן

Cuarta Bendición

Bendito eres Tú, El Eterno, Dios nuestro, Rey del universo, para siempre; El Poderoso, nuestro Padre, nuestro Rey, nuestro Soberano, nuestro Creador; nuestro Redentor, nuestro Santo, el Santo de Jacob, nuestro Pastor, el Pastor de Israel, el Rey bueno y bondadoso con todos, que cada día y día Él nos hizo el bien, Él nos hace el bien y Él nos hará el bien. Él nos ha proveído, Él nos provee y Él nos proveerá para siempre con gracia, bondad, misericordia, amplitud, salvación, y todo bien.

El Misericordioso sea alabado sobre Su Trono de Gloria.

El Misericordioso sea alabado en el Cielo y en la Tierra.

El Misericordioso sea alabado en nosotros por todas las generaciones.

El Misericordioso enaltezca el loor de Su pueblo.

El Misericordioso se ensalce en nosotros por siempre y por toda la eternidad.

El Misericordioso nos sustente con honor, y no con deshonra, con lo permitido y no con lo prohibido, con sosiego y no con aflicción.

El Misericordioso otorgue paz entre nosotros.

El Misericordioso envíe bendición, holgura y prosperidad en toda la obra de nuestras manos.

ברכה רביעית

בָּרוּךְ אַתָּה יְהֹוָה אֱלֹהֵינוּ מֶלֶךְ הָעוֹלָם לָעַד, הָאֵל אָבִינוּ מַלְכֵּנוּ אַדִּירֵנוּ. בּוֹרְאֵנוּ. גּוֹאֲלֵנוּ. קְדוֹשֵׁנוּ. קְדוֹשׁ יַעֲקֹב. רוֹעֵנוּ רוֹעֵה יִשְׂרָאֵל. הַמֶּלֶךְ הַטּוֹב וְהַמֵּטִיב לַכֹּל. שֶׁבְּכָל יוֹם וָיוֹם הוּא הֵטִיב לָנוּ. הוּא מֵטִיב לָנוּ. הוּא יֵיטִיב לָנוּ. הוּא גְמָלָנוּ. הוּא גוֹמְלֵנוּ. הוּא יִגְמְלֵנוּ לָעַד חֵן וָחֶסֶד וְרַחֲמִים וְרֵיוַח וְהַצָּלָה וְכָל טוֹב.

הָרַחֲמָן הוּא יִשְׁתַּבַּח עַל כִּסֵּא כְבוֹדוֹ. הָרַחֲמָן הוּא יִשְׁתַּבַּח בַּשָּׁמַיִם וּבָאָרֶץ. הָרַחֲמָן הוּא יִשְׁתַּבַּח בָּנוּ לְדוֹר דּוֹרִים. הָרַחֲמָן הוּא קֶרֶן לְעַמּוֹ יָרִים. הָרַחֲמָן הוּא יִתְפָּאַר בָּנוּ לָנֶצַח נְצָחִים. הָרַחֲמָן הוּא יְפַרְנְסֵנוּ בְּכָבוֹד וְלֹא בְבִזּוּי, בְּהֶתֵּר וְלֹא בְאִסּוּר, בְּנַחַת וְלֹא בְצַעַר. הָרַחֲמָן הוּא יִתֵּן שָׁלוֹם בֵּינֵינוּ. הָרַחֲמָן הוּא יִשְׁלַח בְּרָכָה רְוָחָה וְהַצְלָחָה בְּכָל מַעֲשֵׂה יָדֵינוּ.

El Misericordioso haga prosperar nuestros caminos.

El Misericordioso quiebre pronto el yugo del exilio que está sobre nuestros cuellos.

El Misericordioso nos conduzca pronto erguidos a nuestra Tierra.

El Misericordioso nos sane con una curación completa, curación del alma y curación del cuerpo.

El Misericordioso nos abra Su mano generosa.

El Misericordioso bendiga a cada uno y uno de nosotros por Su gran Nombre, tal como fueron bendecidos nuestros patriarcas Abraham, Ytzjak y Jacob: «con todo»[9], «de todo»[10], «todo»[11]; así nos bendiga Él a nosotros, todos juntos, con bendición completa. Así sea Su voluntad y digamos «Amén».

El Misericordioso extienda sobre nosotros su Sucá de paz.

Agregados para Shabat, *Rosh Jodesh* y Días Festivos:

---

[9] (Génesis 24:1).

[10] (Génesis 27:33).

[11] (Génesis 33:11).

הָרַחֲמָן הוּא יַצְלִיחַ אֶת דְּרָכֵינוּ. הָרַחֲמָן הוּא יִשְׁבּוֹר עֹל גָּלוּת מְהֵרָה מֵעַל צַוָּארֵנוּ. הָרַחֲמָן הוּא יוֹלִיכֵנוּ מְהֵרָה קוֹמְמִיּוּת בְּאַרְצֵנוּ. הָרַחֲמָן הוּא יִרְפָּאֵנוּ רְפוּאָה שְׁלֵמָה רְפוּאַת הַנֶּפֶשׁ וּרְפוּאַת הַגּוּף. הָרַחֲמָן הוּא יִפְתַּח לָנוּ אֶת יָדוֹ הָרְחָבָה. הָרַחֲמָן הוּא יְבָרֵךְ כָּל אֶחָד וְאֶחָד מִמֶּנּוּ בִּשְׁמוֹ הַגָּדוֹל כְּמוֹ שֶׁנִּתְבָּרְכוּ אֲבוֹתֵינוּ אַבְרָהָם יִצְחָק וְיַעֲקֹב בַּכֹּל מִכֹּל כֹּל. כֵּן יְבָרֵךְ אוֹתָנוּ יַחַד בְּרָכָה שְׁלֵמָה. וְכֵן יְהִי רָצוֹן וְנֹאמַר אָמֵן. הָרַחֲמָן הוּא יִפְרוֹשׂ עָלֵינוּ סֻכַּת שְׁלוֹמוֹ.

En Shabat se agrega:

El Misericordioso nos haga heredar el Mundo que será todo Shabat y reposo para vida eterna.

En el comienzo de mes –*Rosh Jodesh*– se agrega:

El Misericordioso renueve sobre nosotros este mes para bien y para bendición.

En día festivo se agrega:

El Misericordioso nos haga heredar el día que es todo bueno.

En los días intermedios entre el primer y último día de la Festividad de Pesaj y Sucot –*Jol Hamoed*– se agrega:

El Misericordioso nos haga llegar con paz a otros plazos –*moadim*– que vendrán próximamente.

En Rosh Hashaná se agrega:

El Misericordioso renueve sobre nosotros este año para bien y para bendición.

En Sucot se agrega:

El Misericordioso nos torne meritorios de habitar en la Sucá de la piel del Leviatán. El Misericordioso envíe sobre nosotros abundancia de santidad y pureza de los siete huéspedes supremos sagrados[12], cuyo mérito sea por escudo y protección sobre nosotros. El Misericordioso levante para nosotros la Sucá caída de David.

---

[12] Los siete huéspedes supremos sagrados se denominan *ushpizin*, y son las almas de nuestros ancestros: Abraham, Ytzjak, Yacob, Moshé, Aarón, Yosef y David.

בשבת אומרים כאן:
הָרַחֲמָן הוּא יַנְחִילֵנוּ עוֹלָם שֶׁכֻּלּוֹ שַׁבָּת וּמְנוּחָה לְחַיֵּי הָעוֹלָמִים.

בראש חודש אומרים כאן:
הָרַחֲמָן הוּא יְחַדֵּשׁ עָלֵינוּ אֶת הַשָּׁנָה הַזֹּאת לְטוֹבָה וְלִבְרָכָה.

ביום טוב אומרים כאן:
הָרַחֲמָן הוּא יַנְחִילֵנוּ יוֹם שֶׁכֻּלּוֹ טוֹב.

במועדים אומרים כאן:
הָרַחֲמָן הוּא יַגִּיעֵנוּ לְמוֹעֲדִים אֲחֵרִים הַבָּאִים לִקְרָאתֵנוּ לְשָׁלוֹם.

בראש השנה אומרים כאן:
הָרַחֲמָן הוּא יְחַדֵּשׁ עָלֵינוּ אֶת הַשָּׁנָה הַזֹּאת לְטוֹבָה וְלִבְרָכָה.

בסוכות אומרים כאן:
הָרַחֲמָן הוּא יְזַכֵּנוּ לֵישֵׁב בְּסֻכַּת עוֹרוֹ שֶׁל לִוְיָתָן. הָרַחֲמָן הוּא יַשְׁפִּיעַ עָלֵינוּ שֶׁפַע קְדֻשָּׁה וְטָהֳרָה מִשִּׁבְעָה אֻשְׁפִּיזִין עִלָּאִין קַדִּישִׁין, זְכוּתָם תְּהֵא מָגֵן וְצִנָּה עָלֵינוּ. הָרַחֲמָן הוּא יָקִים לָנוּ אֶת סֻכַּת דָּוִד הַנּוֹפֶלֶת.

El Misericordioso implante Su Torá y Su amor en nuestros corazones y que Su temor esté en nuestros rostros para que no pequemos. Y que todas nuestras acciones sean en Nombre de los Cielos –El Omnipresente–.

Bendición del invitado en casa del anfitrión

El Misericordioso bendiga esta mesa sobre la cual hemos comido y ordene sobre ella todos los manjares del mundo. Y sea como la mesa de nuestro patriarca Abraham; que coma de ella todo el que tiene hambre y beba de ella todo el que tiene sed. Y que no falte de ella ningún bien por siempre jamás, amén. El Misericordioso bendiga al señor de esta casa y al anfitrión de esta comida, a él, y a sus hijos, y a su esposa, y a todo lo que es de él. Que sus hijos tengan vida, y sus bienes se multipliquen. El Eterno bendiga su casa y acepte la obra de sus manos. Y sus bienes y los nuestros prosperen y estén próximos a la ciudad. Y no se presente ante él, ni ante nosotros, ningún asunto que conlleve a pecado ni un pensamiento de trasgresión. Que esté alegre y regocijado todos los días, con riqueza y honor, desde ahora y para siempre. Que no sea avergonzado en este mundo ni humillado en el Mundo Venidero, amén, así sea Su voluntad.

Comida de bodas:

En una comida de bodas se agrega:

El Misericordioso bendiga al novio y a la novia con hijos varones dedicados a su servicio, bendito sea. El Misericordioso bendiga a todos los comensales sentados a esta mesa, y El Santo, Bendito Sea, nos otorgue las solicitudes de nuestros corazones, para bien, para su servicio, bendito sea.

הָרַחֲמָן הוּא יִטַּע תּוֹרָתוֹ וְאַהֲבָתוֹ בְּלִבֵּנוּ וְתִהְיֶה יִרְאָתוֹ עַל פָּנֵינוּ לְבִלְתִּי נֶחֱטָא. וְיִהְיוּ כָל מַעֲשֵׂינוּ לְשֵׁם שָׁמָיִם:

ברכת האורח:

הָרַחֲמָן הוּא יְבָרֵךְ אֶת הַשֻּׁלְחָן הַזֶּה שֶׁאָכַלְנוּ עָלָיו, וִיסַדֵּר בּוֹ כָּל מַעֲדַנֵּי עוֹלָם, וְיִהְיֶה כְּשֻׁלְחָנוֹ שֶׁל אַבְרָהָם אָבִינוּ עָלָיו הַשָּׁלוֹם. כָּל רָעֵב מִמֶּנּוּ יֹאכַל, וְכָל צָמֵא מִמֶּנּוּ יִשְׁתֶּה, וְאַל יֶחְסַר מִמֶּנּוּ כָּל טוּב לָעַד וּלְעוֹלְמֵי עוֹלָמִים, אָמֵן. הָרַחֲמָן הוּא יְבָרֵךְ אֶת בַּעַל הַבַּיִת הַזֶּה וּבַעַל הַסְּעֻדָּה הַזֹּאת, הוּא וּבָנָיו וְאִשְׁתּוֹ וְכָל אֲשֶׁר לוֹ, בְּבָנִים שֶׁיִּחְיוּ וּבִנְכָסִים שֶׁיִּרְבּוּ. בָּרֵךְ יְהֹוָה חֵילוֹ וּפֹעַל יָדָיו תִּרְצֶה, וְיִהְיוּ נְכָסָיו וּנְכָסֵינוּ מֻצְלָחִים וּקְרוֹבִים לָעִיר, וְאַל יִזְדַּקֵּק לְפָנָיו וְלֹא לְפָנֵינוּ שׁוּם דְּבַר חֵטְא וְהִרְהוּר עָוֹן, שָׂשׂ וְשָׂמֵחַ כָּל הַיָּמִים בְּעֹשֶׁר וְכָבוֹד מֵעַתָּה וְעַד עוֹלָם, לֹא יֵבוֹשׁ בָּעוֹלָם הַזֶּה וְלֹא יִכָּלֵם לָעוֹלָם הַבָּא, אָמֵן כֵּן יְהִי רָצוֹן[13].

בסעודת חתן:

הָרַחֲמָן הוּא יְבָרֵךְ אֶת הֶחָתָן וְהַכַּלָּה, בְּבָנִים זְכָרִים שֶׁל קַיָּמָא, לַעֲבוֹדָתוֹ יִתְבָּרַךְ. הָרַחֲמָן הוּא יְבָרֵךְ אֶת כָּל הַמְּסֻבִּין בַּשֻּׁלְחָן הַזֶּה, וְיִתֵּן לָנוּ הַקָּדוֹשׁ בָּרוּךְ הוּא, כָּל מִשְׁאֲלוֹת לִבֵּנוּ לְטוֹבָה.

---

[13] גָּדוֹל מְבָרֵךְ, אֲפִלּוּ בָּא בַּסּוֹף; וְאִם רָצָה לִתֵּן רְשׁוּת לַקָּטָן לְבָרֵךְ, רַשַּׁאי; וְהָנֵי מִלֵּי כְּשֶׁאֵין שָׁם אוֹרֵחַ, אֲבָל אִם יֵשׁ שָׁם אוֹרֵחַ, הוּא מְבָרֵךְ אֲפִלּוּ אִם בַּעַל הַבַּיִת גָּדוֹל מִמֶּנּוּ, כְּדֵי שֶׁיְּבָרֵךְ לְבַעַל הַבַּיִת. וּמַה בְּרָכָה מְבָרְכוֹ, יְהִי רָצוֹן שֶׁלֹּא יֵבוֹשׁ וְלֹא יִכָּלֵם בַּעַל הַבַּיִת הַזֶּה לֹא בָּעוֹלָם הַזֶּה וְלֹא בָּעוֹלָם הַבָּא, וְיַצְלִיחַ בְּכָל נְכָסָיו, וְיִהְיוּ נְכָסָיו מֻצְלָחִים וּקְרוֹבִים לָעִיר, וְלֹא יִשְׁלֹט שָׂטָן בְּמַעֲשֵׂי יָדָיו, וְאַל יִזְדַּקֵּק לְפָנָיו שׁוּם דְּבַר חֵטְא וְהִרְהוּר עָוֹן מֵעַתָּה וְעַד עוֹלָם. וְאִם בַּעַל הַבַּיִת רוֹצֶה לְוַתֵּר (פֵּרוּשׁ שֶׁאֵינוֹ רוֹצֶה לְהַקְפִּיד) עַל בִּרְכָתוֹ, וּלְבָרֵךְ בִּרְכַּת הַמָּזוֹן בְּעַצְמוֹ, רַשַּׁאי (ש"ע א"ח רא:א).

Circuncisión:

En una comida por una circuncisión se agrega:

El Misericordioso bendiga a este anfitrión, el padre de niño, a él, y su esposa, que dio a luz, desde ahora y por siempre. El Misericordioso bendiga al niño que ha nacido, y así como El Santo, Bendito Sea, lo ameritó para la circuncisión, así lo amerite entrar en la Torá, el palio nupcial, los preceptos, y las buenas acciones, y así sea Su voluntad, y digamos amén. El Misericordioso bendiga al distinguido *moel*, y el que sostuvo al niño, y a los demás que se esforzaron en el precepto, a ellos y todo lo de ellos.

El Misericordioso nos otorgue vida y nos torne merecedores, y nos acerque a los días del Mesías, y la reconstrucción del Templo Sagrado, y la vida en el Mundo Venidero. Grandes (en los días en que se recita la plegaria adicional –*Musaf*–: se reemplaza «grandes» por «Torre») **son las salvaciones del Rey, y Él hace bondad a Su ungido, a David, y a su descendencia, eternamente.**

«Los leones –los poderosos– **decaen y tienen hambre, pero a los que buscan a El Eterno no les faltará ningún bien»**[14]. **«Joven fui, y también he envejecido, y no he visto justo desamparado, ni su descendencia que pida pan. Siempre tiene misericordia, y presta; y su descendencia es para bendición»**[15].

---

[14] (Salmos 34:10–11).

[15] (Salmos 37:25–26)

בסעודת מילה:

הָרַחֲמָן הוּא יְבָרֵךְ אֶת בַּעַל הַבַּיִת הַזֶּה, אֲבִי הַבֵּן, הוּא וְאִשְׁתּוֹ הַיּוֹלֶדֶת, מֵעַתָּה וְעַד עוֹלָם. הָרַחֲמָן הוּא יְבָרֵךְ אֶת הַיֶּלֶד הַנּוֹלָד, וּכְשֵׁם שֶׁזִּכָּהוּ הַקָּדוֹשׁ בָּרוּךְ הוּא לַמִּילָה, כָּךְ יְזַכֵּהוּ לְהִכָּנֵס לַתּוֹרָה וּלַחֻפָּה וּלְמִצְוֹת וּלְמַעֲשִׂים טוֹבִים, וְכֵן יְהִי רָצוֹן וְנֹאמַר אָמֵן. הָרַחֲמָן הוּא יְבָרֵךְ אֶת מַעֲלַת הַסַּנְדָּק וְהַמּוֹהֵל וּשְׁאָר הַמִּשְׁתַּדְּלִים בַּמִּצְוָה, הֵם וְכָל אֲשֶׁר לָהֶם.

הָרַחֲמָן הוּא יִטַּע תּוֹרָתוֹ וְאַהֲבָתוֹ בְּלִבֵּנוּ וְתִהְיֶה יִרְאָתוֹ עַל פָּנֵינוּ לְבִלְתִּי נֶחֱטָא. וְיִהְיוּ כָל מַעֲשֵׂינוּ לְשֵׁם שָׁמָיִם.

הָרַחֲמָן הוּא יְחַיֵּינוּ וִיזַכֵּנוּ וִיקָרְבֵנוּ לִימוֹת הַמָּשִׁיחַ וּלְבִנְיַן בֵּית הַמִּקְדָּשׁ וּלְחַיֵּי הָעוֹלָם הַבָּא.

מַגְדִּיל (בשבת ויום טוב וביום שמתפללים מוסף יאמר כאן: מִגדול) **יְשׁוּעוֹת מַלְכּוֹ. וְעֹשֶׂה חֶסֶד לִמְשִׁיחוֹ לְדָוִד וּלְזַרְעוֹ עַד עוֹלָם: כְּפִירִים רָשׁוּ וְרָעֵבוּ. וְדוֹרְשֵׁי יְהֹוָה לֹא יַחְסְרוּ כָל טוֹב: נַעַר הָיִיתִי גַּם זָקַנְתִּי וְלֹא רָאִיתִי צַדִּיק נֶעֱזָב. וְזַרְעוֹ מְבַקֶּשׁ לָחֶם: כָּל הַיּוֹם חוֹנֵן וּמַלְוֶה וְזַרְעוֹ לִבְרָכָה:**

Lo que hemos comido sea para saciedad, y lo que hemos bebido, para curación; y lo que ha sobrado sea para bendición, como esta escrito: «Y puso delante de ellos y comieron, y les sobró conforme a la palabra de El Eterno»[16]. «Benditos vosotros por El Eterno, Hacedor de los Cielos y la Tierra»[17]. «Bendito el varón que confía en El Eterno, y El Eterno es su confianza»[18]. «El Eterno dará poder a su pueblo; El Eterno bendecirá a su pueblo con paz»[19]. El que hace la paz en las Alturas, Él con Su misericordia haga la paz en nosotros y en todo Israel, y dígase amén.

Bendición por el Vino

Aquí finaliza la serie de bendiciones que se recitan después de comer pan —*birkat hamazón*—, pero si previamente se pronunció la invitación para bendecir sobre una copa de vino, el que condujo la invitación recita la bendición por el vino y a continuación bebe el vino.

«Bendito eres Tú, El Eterno, Dios nuestro, Rey del universo, creador del fruto de la vid».

Bendición Final por el Vino

---

[16] (II Reyes 4:44).

[17] (Salmos 115:15).

[18] (Jeremías 17:7).

[19] (Salmos 29:11).

מַה שֶּׁאָכַלְנוּ יִהְיֶה לְשָׂבְעָה. וּמַה שֶּׁשָּׁתִינוּ יִהְיֶה לִרְפוּאָה. וּמַה שֶּׁהוֹתַרְנוּ יִהְיֶה לִבְרָכָה כְּדִכְתִיב וַיִּתֵּן לִפְנֵיהֶם וַיֹּאכְלוּ וַיּוֹתִרוּ כִּדְבַר יְהֹוָה: בְּרוּכִים אַתֶּם לַיהֹוָה. עוֹשֵׂה שָׁמַיִם וָאָרֶץ: בָּרוּךְ הַגֶּבֶר אֲשֶׁר יִבְטַח בַּיהֹוָה. וְהָיָה יְהֹוָה מִבְטָחוֹ: יְהֹוָה עֹז לְעַמּוֹ יִתֵּן. יְהֹוָה יְבָרֵךְ אֶת עַמּוֹ בַשָּׁלוֹם: עוֹשֶׂה שָׁלוֹם בִּמְרוֹמָיו הוּא בְּרַחֲמָיו יַעֲשֶׂה שָׁלוֹם עָלֵינוּ וְעַל כָּל עַמּוֹ יִשְׂרָאֵל וְאִמְרוּ אָמֵן.

אַחַר שֶׁסִּיֵּם בִּרְכַּת הַמָּזוֹן מְבָרֵךְ בּוֹרֵא פְּרִי הַגֶּפֶן וְיִטְעֹם הַמְבָרֵךְ וְאַחַר כָּךְ יִטְעֲמוּ הָאֲחֵרִים; אִם כֻּלָּם זְקוּקִים לְכוֹס אֶחָד, וְנוֹתֵן הַמְבָרֵךְ מִכּוֹסוֹ לְכוֹס רֵיקָן שֶׁבְּיָדָם, לֹא יִטְעֲמוּ עַד שֶׁיִּטְעוֹם הוּא; אֲבָל אִם אֵינָם זְקוּקִים לְכוֹסוֹ, יְכוֹלִים לִטְעֹם קֹדֶם שֶׁיִּטְעֹם הוּא. אֵין צָרִיךְ הַמְבָרֵךְ לִשְׁפֹּךְ מִכּוֹסוֹ לְכוֹס הַמְסֻבִּין אֶלָּא אִם כֵּן כּוֹס הַמְסֻבִּין פָּגוּם (ש"ע א"ח קצ:א).

בָּרוּךְ אַתָּה יְהֹוָה, אֱלֹהֵינוּ מֶלֶךְ הָעוֹלָם, בּוֹרֵא פְּרִי הַגָּפֶן.

אַחַר שֶׁשָּׁתָה כּוֹס שֶׁל בִּרְכַּת הַמָּזוֹן יְבָרֵךְ בְּרָכָה אַחַת מֵעֵין שָׁלֹשׁ. שִׁעוּר שְׁתִיַּת יַיִן לְהִתְחַיֵּב בִּבְרָכָה אַחֲרוֹנָה יֵשׁ סָפֵק אִם דַּי בִּכְזַיִת אוֹ בִּרְבִיעִית, לְכָךְ יִזָּהֵר לִשְׁתּוֹת אוֹ פָּחוֹת מִכַּזַּיִת אוֹ רְבִיעִית כְּדֵי לְהִסְתַּלֵּק מִן הַסָּפֵק, וְהָכָא אִי אֶפְשָׁר לִשְׁתּוֹת פָּחוֹת מִכַּזַּיִת, דְּכָל דָּבָר שֶׁצָּרִיךְ כּוֹס צָרִיךְ לִשְׁתּוֹת מִמֶּנּוּ כִּמְלֹא לֻגְמָיו שֶׁהוּא רֹב רְבִיעִית, הִלְכָּךְ יִשְׁתֶּה רְבִיעִית שָׁלֵם. אִם הַמְבָרֵךְ אֵינוֹ רוֹצֶה לִטְעֹם, יִטְעֹם אֶחָד מֵהַמְסֻבִּין כַּשִּׁעוּר, וְאֵין שְׁתִיַּת שְׁנַיִם מִצְטָרֶפֶת, מִכָּל מָקוֹם מִצְוָה מִן הַמֻּבְחָר שֶׁיִּטְעֲמוּ כֻּלָּם (ש"ע א"ח קצ: ב-ד).

BENDICIÓN PARA DESPUÉS DE COMER PAN

Si bebió 86 centímetros cúbicos de vino[20], recita la bendición final para después de beber vino:

Bendito eres Tú, El Eterno, Dios nuestro, Rey del universo, por la vid, y por el fruto de la vid, y por el producto del campo, y por la tierra preciada, buena y amplia que has querido y dado en heredad a nuestros antepasados, para comer de su fruto y saciarse con su bondad. El Eterno, Dios nuestro, ten misericordia de nosotros, de Israel, tu pueblo, y de Jerusalén, tu ciudad, y del Monte de Tzión, la morada de tu Gloria, de tu Altar y de tu Templo. Y reconstruye a Jerusalén, la ciudad santa, pronto en nuestros días, y haznos entrar en su interior, y alégranos con su reconstrucción, y te bendeciremos por ella con santidad y con pureza

---

En Shabat se agrega:
y acepta y fortifícanos, en este día de Shabat

En el comienzo de mes –*Rosh Jodesh*– se agrega:
y recuérdanos para bien en el día de este comienzo de mes

En Rosh Hashaná se agrega:
y recuérdanos para bien en este Día del Recuerdo, en el día festivo de esta santa convocación.

En la Festividad de Pesaj se agrega:
y alégranos en el día de esta Festividad del Pan Ácimo, en el día festivo de esta santa convocación.

---

[20] 86 centímetros cúbicos es el volumen correspondiente a un *reviit*, la cantidad requerida para recitar la bendición final.

ברכה על הגפן

בָּרוּךְ אַתָּה יְהֹוָה, אֱלֹהֵינוּ מֶלֶךְ הָעוֹלָם, עַל הַגֶּפֶן ועַל פְּרִי הַגֶּפֶן, וְעַל תְּנוּבַת הַשָּׂדֶה, וְעַל אֶרֶץ חֶמְדָּה, טוֹבָה וּרְחָבָה, שֶׁרָצִיתָ וְהִנְחַלְתָּ לַאֲבוֹתֵינוּ, לֶאֱכוֹל מִפִּרְיָהּ, וְלִשְׂבּוֹעַ מִטּוּבָהּ. רַחֵם יְהֹוָה אֱלֹהֵינוּ עָלֵינוּ, וְעַל יִשְׂרָאֵל עַמֶּךָ, וְעַל יְרוּשָׁלַיִם עִירֶךָ, וְעַל הַר צִיּוֹן מִשְׁכַּן כְּבוֹדֶךָ, וְעַל מִזְבְּחֶךָ, וְעַל הֵיכָלֶךָ, וּבְנֵה יְרוּשָׁלַיִם עִיר הַקֹּדֶשׁ, בִּמְהֵרָה בְיָמֵינוּ, וְהַעֲלֵנוּ לְתוֹכָהּ, וְשַׂמְּחֵנוּ בְּבִנְיָנָהּ, וּנְבָרֶכְךָ עָלֶיהָ בִּקְדֻשָּׁה וּבְטָהֳרָה

בשבת:

וּרְצֵה וְהַחֲלִיצֵנוּ בְּיוֹם הַשַּׁבָּת הַזֶּה

בראש חודש:

וְזָכְרֵנוּ לְטוֹבָה בְּיוֹם רֹאשׁ הַחֹדֶשׁ הַזֶּה

בראש השנה:

וְזָכְרֵנוּ לְטוֹבָה בְּיוֹם הַזִּכָּרוֹן הַזֶּה. בְּיוֹם טוֹב מִקְרָא קֹדֶשׁ הַזֶּה

בפסח:

וְשַׂמְּחֵנוּ בְּיוֹם חַג הַמַּצּוֹת הַזֶּה בְּיוֹם טוֹב מִקְרָא קֹדֶשׁ הַזֶּה

Agregados para *Jol Hamoed* Pesaj, Shavuot, Sucot, *Jol Hamoed* Sucot, Shemini Atzeret y Simjá Torá:

En *Jol Hamoed* Pesaj se agrega:

y alégranos en el día de esta Festividad del Pan Ácimo, en el día de esta santa convocación.

En la Festividad de Shavuot se agrega:

y alégranos en el día de esta Festividad de Shavuot, en el día festivo de esta santa convocación.

En la Festividad de Sucot se agrega:

y alégranos en el día de esta Festividad de Sucot, en el día festivo de esta santa convocación.

En los días intermedios entre el primer y último día de la Festividad de Sucot -*Jol Hamoed*- se agrega:

y alégranos en el día de esta Festividad de Sucot, en el día de esta santa convocación.

En la Festividad de Simja Torá y Shemini Atzeret se agrega:

y alégranos en el día de esta Festividad de Shemini Atzeret, en el día festivo de esta santa convocación.

Pues Tú El Eterno eres bueno y haces el bien a todos, y te agradecemos (El Eterno, Dios nuestro) por la tierra y por el fruto de la vid. Bendito eres Tú, El Eterno, por la tierra y por el fruto de la vid.

בחול המועד פסח:
וְשַׂמְּחֵנוּ בְּיוֹם חַג הַמַּצּוֹת הַזֶּה בְּיוֹם מִקְרָא קֹדֶשׁ הַזֶּה
בשבועות:
וְשַׂמְּחֵנוּ בְּיוֹם חַג הַשָּׁבוּעוֹת הַזֶּה בְּיוֹם טוֹב מִקְרָא קֹדֶשׁ הַזֶּה
בסוכות:
וְשַׂמְּחֵנוּ בְּיוֹם חַג הַסֻּכּוֹת הַזֶּה בְּיוֹם טוֹב מִקְרָא קֹדֶשׁ הַזֶּה
בחול המועד סוכות:
וְשַׂמְּחֵנוּ בְּיוֹם חַג הַסֻּכּוֹת הַזֶּה בְּיוֹם מִקְרָא קֹדֶשׁ הַזֶּה
בשמיני עצרת:
בְּיוֹם שְׁמִינִי חַג עֲצֶרֶת הַזֶּה בְּיוֹם טוֹב מִקְרָא קֹדֶשׁ הַזֶּה

כִּי אַתָּה טוֹב וּמֵטִיב לַכֹּל, וְנוֹדֶה לְךָ [יְהֹוָה אֱלֹהֵינוּ] עַל הָאָרֶץ וְעַל פְּרִי הַגֶּפֶן. בָּרוּךְ אַתָּה יְהֹוָה , עַל הָאָרֶץ וְעַל פְּרִי הַגָּפֶן.

V

Bendiciones por Alimentos Diversos

Cuando se recita la bendición por el pan, se incluye a todos los alimentos que acompañan al pan en la comida, y también a las bebidas; con excepción de lo que no acompaña al pan, por ejemplo frutas, helados, y demás postres, y también el vino, que es considerada una bebida especial.

Por tanto, si se desea comer un alimento que no acompaña al pan durante la comida, o beber vino, se debe recitar la bendición correspondiente.

Y también se debe recitar la bendición correspondiente cuando se desea comer o beber un alimento o una bebida en cualquier momento del día, sin pan.

La Bendición Inicial por los Alimentos

A continuación mencionaremos las bendiciones correspondientes por los alimentos y las bebidas que se recitan antes de comer y beber.

דברים הבאים בתוך הסעדה

בֵּרַךְ עַל הַפַּת, פּוֹטֵר אֶת הַפַּרְפֶּרֶת דְּהַיְנוּ פֵּרוּרֵי פַּת דַּק דַּק שֶׁדִּבְּקָם עִם מָרָק אוֹ דְּבַשׁ; בֵּרַךְ עַל הַפַּרְפֶּרֶת, לֹא פָּטַר אֶת הַפַּת. *הגה: בֵּרַךְ עַל הַפַּרְפֶּרֶת, פּוֹטֵר מַעֲשֵׂה קְדֵרָה שֶׁהוּא דַּיְסָא וְכַיּוֹצֵא בּוֹ; וְכֵן אִם בֵּרַךְ עַל מַעֲשֵׂה קְדֵרָה, פּוֹטֵר אֶת הַפַּרְפֶּרֶת (גְּמָרָא פֶּרֶק כֵּיצַד מְבָרְכִין וְרַמְבַּ"ם בְּפֵרוּשׁ הַמִּשְׁנָה)* (ש"ע א"ח קעו:א).

דְּבָרִים הַבָּאִים בְּתוֹךְ הַסְּעֻדָּה, אִם הֵם דְּבָרִים הַבָּאִים מֵחֲמַת הַסְּעֻדָּה דְּהַיְנוּ דְּבָרִים שֶׁדֶּרֶךְ לִקְבֹּעַ סְעֻדָּה עֲלֵיהֶם לְלַפֵּת בָּהֶם אֶת הַפַּת, כְּגוֹן: בָּשָׂר, וְדָגִים, וּבֵיצִים, וִירָקוֹת, וּגְבִינָה, וְדַיְסָא וּמִינֵי מְלוּחִים, אֲפִלּוּ אוֹכְלָם בְּלֹא פַּת אֵין טְעוּנִין בְּרָכָה לִפְנֵיהֶם, דְּבִרְכַּת הַמּוֹצִיא פּוֹטַרְתָּן; וְלֹא לְאַחֲרֵיהֶם, דְּבִרְכַּת הַמָּזוֹן פּוֹטַרְתָּן; וְאִם הֵם דְּבָרִים הַבָּאִים שֶׁלֹּא מֵחֲמַת הַסְּעֻדָּה, דְּהַיְנוּ שֶׁאֵין דֶּרֶךְ לִקְבֹּעַ סְעֻדָּה עֲלֵיהֶם לְלַפֵּת בָּהֶם אֶת הַפַּת, כְּגוֹן: תְּאֵנִים וַעֲנָבִים וְכָל מִינֵי פֵּרוֹת, וְעַיֵּן לְעֵיל סִימָן קס"ח סָעִיף ח', אִם אוֹכֵל אוֹתָם בְּלֹא פַּת, טְעוּנִין בְּרָכָה לִפְנֵיהֶם דְּבִרְכַּת הַמּוֹצִיא אֵינָהּ פּוֹטַרְתָּן, דְּלָאו מֵעִקַּר סְעֻדָּה הֵם; וְאֵינָם טְעוּנִים בְּרָכָה לְאַחֲרֵיהֶם, דְּכֵיוָן שֶׁבָּאוּ בְּתוֹךְ הַסְּעֻדָּה בִּרְכַּת הַמָּזוֹן פּוֹטַרְתָּם; וְאִם בִּתְחִלַּת אֲכִילָתוֹ אָכַל הַפֵּרוֹת עִם פַּת וּבַסּוֹף אָכַל עִמָּהֶם פַּת, אֲפִלּוּ אִם בֵּינְתַיִם אָכַל מֵהֶם בְּלֹא פַּת, אֵינָם טְעוּנִים בְּרָכָה אַף לִפְנֵיהֶם (ש"ע א"ח קעז:א).

וּדְבָרִים הַבָּאִים לְאַחַר סְעֻדָּה קֹדֶם בִּרְכַּת הַמָּזוֹן, שֶׁהָיָה מִנְהָג בִּימוֹת חַכְמֵי הַגְּמָרָא שֶׁבְּסוֹף הַסְּעֻדָּה הָיוּ מוֹשְׁכִים יְדֵיהֶם מִן הַפַּת וּמְסִירִים אוֹתוֹ וְקוֹבְעִים עַצְמָם לֶאֱכֹל פֵּרוֹת וְלִשְׁתּוֹת כָּל מַה שֶּׁמְּבִיאִים אָז לִפְנֵיהֶם, בֵּין דְּבָרִים הַבָּאִים מֵחֲמַת הַסְּעֻדָּה בֵּין דְּבָרִים הַבָּאִים שֶׁלֹּא מֵחֲמַת הַסְּעֻדָּה, טְעוּנִים בְּרָכָה בֵּין לִפְנֵיהֶם בֵּין לְאַחֲרֵיהֶם, דְּהַמּוֹצִיא וּבִרְכַּת הַמָּזוֹן אֵין פּוֹטְרִין אֶלָּא מַה שֶּׁנֶּאֱכַל תּוֹךְ עִקַּר הַסְּעֻדָּה; וְדִין זֶה הָאַחֲרוֹן אֵינוֹ מָצוּי בֵּינֵינוּ, לְפִי שֶׁאֵין אָנוּ רְגִילִין לִמְשֹׁךְ יָדֵינוּ מִן הַפַּת עַד בִּרְכַּת הַמָּזוֹן (ש"ע א"ח קעז:ב).

וְאִם קוֹבֵעַ לְפִתָּן סְעוּדָתוֹ עַל הַפֵּרוֹת, הֲוּוּ לֵיהּ הַפֵּרוֹת כִּדְבָרִים הַבָּאִים מֵחֲמַת הַסְּעֻדָּה; וַאֲפִלּוּ אִם אוֹכֵל מֵהַפֵּרוֹת בִּתְחִלַּת סְעוּדָתוֹ בְּלֹא פַּת, אֵינוֹ מְבָרֵךְ לֹא לִפְנֵיהֶם וְלֹא לְאַחֲרֵיהֶם, וְיֵשׁ חוֹלְקִין, וְלָכֵן טוֹב שֶׁיֹּאכַל בִּתְחִלָּה מֵהַפֵּרוֹת עִם פַּת, וְאָז אֲפִלּוּ אִם אַחַר כָּךְ יֹאכַל מֵהֶם בְּלֹא פַּת אֵינָם טְעוּנִים בְּרָכָה כְּלָל. *הגה: וְאַף עַל פִּי שֶׁאֵינוֹ חוֹזֵר לְבַסּוֹף לֶאֱכֹל עִמָּהֶם פַּת, מֵאַחַר שֶׁעִקַּר קְבִיעוּת הָיָה עֲלַיְהוּ (בֵּית יוֹסֵף בְּשֵׁם הר"י)* (ש"ע א"ח קעז:ג).

Frutas de Árbol

Antes de comer frutas de árbol, se recita esta bendición:

Bendito eres Tú, El Eterno, Dios nuestro, Rey del universo, creador del fruto del árbol.

Vino

Antes de beber vino se recita esta bendición:

Bendito eres Tú, El Eterno, Dios nuestro, Rey del universo, creador del fruto de la vid.

Vegetales y Hortalizas

Antes de comer alimentos que crecen de la tierra, y no, en un árbol, como tomates, habas, pepinillos, lechuga, etc., se recita esta bendición:

Bendito eres Tú, El Eterno, Dios nuestro, Rey del universo, creador del fruto de la tierra.

Alimentos que no Crecen de la Tierra

Antes de comer un alimento que no crece de la tierra (huevos, carne, etc., con excepción de los alimentos elaborados con harina), o beber una bebida, (con excepción de vino), se recita esta bendición:

Bendito eres Tú, El Eterno, Dios nuestro, Rey del universo, que todo fue creado por su palabra.

פרות העץ

עַל כָּל פֵּרוֹת הָאִילָן מְבָרֵךְ בִּתְחִלָּה: בּוֹרֵא פְּרִי הָעֵץ, חוּץ מֵהַיַּיִן שֶׁמְּבָרֵךְ עָלָיו: בּוֹרֵא פְּרִי הַגֶּפֶן, בֵּין חַי בֵּין מְבֻשָּׁל בֵּין שֶׁהוּא עָשׂוּי קוֹנְדִּיטוֹן דְּהַיְנוּ שֶׁנּוֹתְנִין בּוֹ דְּבַשׁ וּפִלְפְּלִין (ש"ע א"ח רב:א).

בָּרוּךְ אַתָּה יְהֹוָה, אֱלֹהֵינוּ מֶלֶךְ הָעוֹלָם, בּוֹרֵא פְּרִי הָעֵץ.

יין

בָּרוּךְ אַתָּה יְהֹוָה, אֱלֹהֵינוּ מֶלֶךְ הָעוֹלָם, בּוֹרֵא פְּרִי הַגָּפֶן.

פרות הארץ

עַל פֵּרוֹת הָאָרֶץ מְבָרֵךְ בּוֹרֵא פְּרִי הָאֲדָמָה (ש"ע א"ח רג:א).

בָּרוּךְ אַתָּה יְהֹוָה, אֱלֹהֵינוּ מֶלֶךְ הָעוֹלָם, בּוֹרֵא פְּרִי הָאֲדָמָה.

עַל דָּבָר שֶׁאֵין גִּדּוּלוֹ מִן הָאָרֶץ, כְּגוֹן: בְּשַׂר בְּהֵמָה, חַיָּה וְעוֹף, דָּגִים, בֵּיצִים, חָלָב, גְּבִינָה, מְבָרֵךְ שֶׁהַכֹּל (ש"ע א"ח רד:א).

דבר שאין גדולו מו הארץ

בָּרוּךְ אַתָּה יְהֹוָה, אֱלֹהֵינוּ מֶלֶךְ הָעוֹלָם, שֶׁהַכֹּל נִהְיָה בִּדְבָרוֹ.

Productos Elaborados con Harina

Antes de comer productos elaborados con harina de trigo, cebada, espelta, avena o centeno, que no son pan, (por ejemplo pastelillos de dulce), se recita esta bendición:

«Bendito eres Tú, El Eterno, Dios nuestro, Rey del universo, creador de los diversos tipos de alimentos».

La Bendición Final

Después de comer, o beber, (si comió al menos 27 gramos o bebió al menos 86 centímetros cúbicos), se debe recitar la bendición final.

Productos Elaborados con Harina

Si comió (al menos 27 gramos de) productos elaborados con harina de trigo, cebada, espelta, avena o centeno, que no son pan, (por ejemplo pastelillos de dulce), se recita esta bendición:

Bendito eres Tú, El Eterno, Dios nuestro, Rey del universo, por el mantenimiento y por el sustento, y por el producto del campo, y por la tierra preciada, buena y amplia que has querido y dado en heredad a nuestros antepasados, para comer de su fruto y saciarse con su bondad. El Eterno, Dios nuestro, ten misericordia de nosotros, de Israel, tu pueblo, y de Jerusalén, tu ciudad, y del Monte de Tzión, la morada de tu Gloria, de tu Altar y de tu Templo. Y reconstruye a Jerusalén, la ciudad santa, pronto en nuestros días, y haznos entrar en su interior, y alégranos con su reconstrucción, y te bendeciremos por ella con santidad y con pureza

מזונות

פַּת הַבָּאָה בְּכִסְנִין, מְבָרֵךְ עָלָיו: בּוֹרֵא מִינֵי מְזוֹנוֹת, וּלְאַחֲרָיו: בְּרָכָה אַחַת מֵעֵין שָׁלֹשׁ[21] (ש"ע א"ח קסח:ו).

בָּרוּךְ אַתָּה יְהֹוָה, אֱלֹהֵינוּ מֶלֶךְ הָעוֹלָם, בּוֹרֵא מִינֵי מְזוֹנוֹת.

ברכה מעין שלש

בָּרוּךְ אַתָּה יְהֹוָה, אֱלֹהֵינוּ מֶלֶךְ הָעוֹלָם, עַל הַמִּחְיָה ועַל הַכַּלְכָּלָה, וְעַל תְּנוּבַת הַשָּׂדֶה, וְעַל אֶרֶץ חֶמְדָּה, טוֹבָה וּרְחָבָה, שֶׁרָצִיתָ וְהִנְחַלְתָּ לַאֲבוֹתֵינוּ, לֶאֱכוֹל מִפִּרְיָהּ, וְלִשְׂבֹּעַ מִטּוּבָהּ. רַחֵם יְהֹוָה אֱלֹהֵינוּ עָלֵינוּ, וְעַל יִשְׂרָאֵל עַמָּךְ, וְעַל יְרוּשָׁלַיִם עִירָךְ, וְעַל הַר צִיּוֹן מִשְׁכַּן כְּבוֹדָךְ, וְעַל מִזְבְּחָךְ, וְעַל הֵיכָלָךְ, וּבְנֵה יְרוּשָׁלַיִם עִיר הַקֹּדֶשׁ, בִּמְהֵרָה בְיָמֵינוּ, וְהַעֲלֵנוּ לְתוֹכָהּ, וְשַׂמְּחֵנוּ בְּבִנְיָנָהּ, וּנְבָרֶכְךָ עָלֶיהָ בִּקְדֻשָּׁה וּבְטָהֳרָה

---

[21] פַּת הַבָּאָה בְּכִיסְנִין, יֵשׁ מְפָרְשִׁים: פַּת שֶׁעֲשׂוּי כְּמִין כִּיסִים שֶׁמְּמַלְּאִים אוֹתָם דְּבַשׁ אוֹ סוּקָר וֶאֱגוֹזִים וּשְׁקֵדִים וְתַבְלִין, וְהֵם הַנִּקְרָאִים רישקלא"ש די אל חש"ו; וְיֵשׁ אוֹמְרִים שֶׁהִיא עִסָּה שֶׁעֵרֵב בָּהּ דְּבַשׁ אוֹ שֶׁמֶן אוֹ חָלָב אוֹ מִינֵי תַּבְלִין וַאֲפָאָהּ, וְהוּא שֶׁיִּהְיֶה טַעַם תַּעֲרֹבֶת הַמֵּי פֵּרוֹת אוֹ הַתַּבְלִין נִכָּר בָּעִסָּה, *וְיֵשׁ אוֹמְרִים שֶׁזֶּה, נִקְרָא פַּת גָּמוּר, אֶלָּא אִם כֵּן יֵשׁ בָּהֶם הַרְבֵּה תַּבְלִין אוֹ דְּבַשׁ כְּמִינֵי מְתִיקָה שֶׁקּוֹרִין לעקי"ךְ, שֶׁכִּמְעַט הַדְּבַשׁ וְהַתַּבְלִין הֵם עִקָּר, וְכֵן נוֹהֲגִים (רַשְׁ"י וְעָרוּךְ, וְכֵן יֵשׁ לְפָרֵשׁ דַּעַת רַמְבַּ"ם)*; וְיֵשׁ מְפָרְשִׁים שֶׁהוּא פַּת, בֵּין מְתֻבֶּלֶת בֵּין שֶׁאֵינָהּ מְתֻבֶּלֶת, שֶׁעוֹשִׂים אוֹתָם אוֹתָם כְּעָבִים יְבֵשִׁים וְכוֹסְסִין אוֹתָם, וְהֵם הַנִּקְרָאִים בישקוני"ש, וַהֲלָכָה כְּדִבְרֵי כֻּלָּם שֶׁלְּכָל אֵלּוּ הַדְּבָרִים נוֹתְנִים לָהֶם דִּינֵים שֶׁאָמַרְנוּ בְּפַת הַבָּאָה בְּכִסְנִין (ש"ע א"ח קסח:ז).

BENDICIÓN PARA DESPUÉS DE COMER PAN

Agregados para Shabat Rosh Jodesh, y Festividades:

En Shabat se agrega:
y acepta y fortifícanos, en este día de Shabat

En el comienzo de mes –*Rosh Jodesh*– se agrega:
y recuérdanos para bien en el día de este comienzo de mes

En Rosh Hashaná se agrega:
y recuérdanos para bien en este Día del Recuerdo, en el día festivo de esta santa convocación.

En la Festividad de Pesaj se agrega:
y alégranos en el día de esta Festividad del Pan Ácimo, en el día festivo de esta santa convocación.

En los días intermedios entre el primer y último día de la Festividad de Pesaj –*Jol Hamoed*– se agrega:
y alégranos en el día de esta Festividad del Pan Ácimo, en el día de esta santa convocación.

En la Festividad de Shavuot se agrega:
y alégranos en el día de esta Festividad de Shavuot, en el día festivo de esta santa convocación.

En la Festividad de Sucot se agrega:
y alégranos en el día de esta Festividad de Sucot, en el día festivo de esta santa convocación.

En los días intermedios entre el primer y último día de la Festividad de Sucot –*Jol Hamoed*– se agrega:
y alégranos en el día de esta Festividad de Sucot, en el día de esta santa convocación.

זכירת המארעות

מַזְכִּירִין בּוֹ מֵעֵין הַמְּאֹרָע בְּשַׁבָּת וְיוֹם טוֹב וְרֹאשׁ חֹדֶשׁ, אֲבָל לֹא בַּחֲנֻכָּה וּפוּרִים; אִם אָכַל פֵּרוֹת מִז' מִינִים וְאָכַל מִינֵי מְזוֹנוֹת וְשָׁתָה יַיִן, יִכְלֹל הַכֹּל בִּבְרָכָה אַחַת, וְיַקְדִּים הַמִּחְיָה וְאַחַר כָּךְ הַגֶּפֶן וְאַחַר כָּךְ הָעֵץ, וְיֹאמַר: עַל הַמִּחְיָה וְעַל הַכַּלְכָּלָה וְעַל הַגֶּפֶן וְעַל פְּרִי הַגֶּפֶן וְעַל הָעֵץ וְעַל פְּרִי הָעֵץ, וְחוֹתֵם: עַל הָאָרֶץ וְעַל הַמִּחְיָה וְעַל פְּרִי הַגֶּפֶן וְעַל הַפֵּרוֹת (ש"ע א"ח רח:יב).

בשבת:

וּרְצֵה וְהַחֲלִיצֵנוּ בְּיוֹם הַשַּׁבָּת הַזֶּה

בראש חודש:

וְזָכְרֵנוּ לְטוֹבָה בְּיוֹם רֹאשׁ הַחֹדֶשׁ הַזֶּה

בראש השנה:

וְזָכְרֵנוּ לְטוֹבָה בְּיוֹם הַזִּכָּרוֹן הַזֶּה. בְּיוֹם טוֹב מִקְרָא קֹדֶשׁ הַזֶּה

בפסח:

וְשַׂמְּחֵנוּ בְּיוֹם חַג הַמַּצּוֹת הַזֶּה בְּיוֹם טוֹב מִקְרָא קֹדֶשׁ הַזֶּה

בחול המועד פסח:

וְשַׂמְּחֵנוּ בְּיוֹם חַג הַמַּצּוֹת הַזֶּה בְּיוֹם מִקְרָא קֹדֶשׁ הַזֶּה

בשבועות:

וְשַׂמְּחֵנוּ בְּיוֹם חַג הַשָּׁבוּעוֹת הַזֶּה בְּיוֹם טוֹב מִקְרָא קֹדֶשׁ הַזֶּה

בסוכות:

וְשַׂמְּחֵנוּ בְּיוֹם חַג הַסֻּכּוֹת הַזֶּה בְּיוֹם טוֹב מִקְרָא קֹדֶשׁ הַזֶּה

בחול המועד סוכות:

וְשַׂמְּחֵנוּ בְּיוֹם חַג הַסֻּכּוֹת הַזֶּה בְּיוֹם מִקְרָא קֹדֶשׁ הַזֶּה

> **En la Festividad de Simja Torá y Sheminí Atzeret se agrega:**
> y alégranos en el día de esta Festividad de Sheminí Atzeret, en el día festivo de esta santa convocación.

Pues Tú El Eterno eres bueno y haces el bien a todos, y te agradecemos (El Eterno, Dios nuestro) por la tierra y por el mantenimiento y por el sustento. Bendito eres Tú, El Eterno, por la tierra y por el mantenimiento.

BIRKAT HAMAZON

בשמיני עצרת:
בְּיוֹם שְׁמִינִי חַג עֲצֶרֶת הַזֶּה בְּיוֹם טוֹב מִקְרָא קֹדֶשׁ הַזֶּה

כִּי אַתָּה טוֹב וּמֵטִיב לַכֹּל, וְנוֹדֶה לְךָ [יְהֹוָה אֱלֹהֵינוּ] עַל הָאָרֶץ וְעַל הַמִּחְיָה וְעַל הַכַּלְכָּלָה. בָּרוּךְ אַתָּה יְהֹוָה, עַל הָאָרֶץ וְעַל הַמִּחְיָה.

Frutas Especiales

Si comió uvas, higos, granadas, aceitunas, o dátiles, se recita una bendición especial. Pues la Tierra de Israel fue alabada con esas cinco frutas, como está escrito: «Una Tierra de trigo, cebada, vid, higueras y granados; Tierra de olivos de aceite y miel de dátiles» (Deuteronomio 8:8).

Bendito eres Tú, El Eterno, Dios nuestro, Rey del universo, por el árbol, y por el fruto del árbol, y por el producto del campo, y por la tierra preciada, buena y amplia que has querido y dado en heredad a nuestros antepasados, para comer de su fruto y saciarse con su bondad. El Eterno, Dios nuestro, ten misericordia de nosotros, de Israel, tu pueblo, y de Jerusalén, tu ciudad, y del Monte de Tzión, la morada de tu Gloria, de tu Altar y de tu Templo. Y reconstruye a Jerusalén, la ciudad santa, pronto en nuestros días, y haznos entrar en su interior, y alégranos con su reconstrucción, y te bendeciremos por ella con santidad y con pureza

En Shabat se agrega:
y acepta y fortifícanos, en este día de Shabat

En el comienzo de mes –*Rosh Jodesh*– se agrega:
y recuérdanos para bien en el día de este comienzo de mes

En Rosh Hashaná se agrega:
y recuérdanos para bien en este Día del Recuerdo, en el día festivo de esta santa convocación.

En la Festividad de Pesaj se agrega:

ברכה מעין שלש לפרות מחמשת המינים

עַל חֲמֵשֶׁת הַמִּינִים שֶׁהֵם: גֶּפֶן וּתְאֵנָה וְרִמּוֹן וְזַיִת וּתְמָרָה, מְבָרֵךְ לְאַחֲרֵיהֶם בְּרָכָה אַחַת מֵעֵין שָׁלֹשׁ (ש"ע א"ח רח:א).

בָּרוּךְ אַתָּה יְהֹוָה, אֱלֹהֵינוּ מֶלֶךְ הָעוֹלָם, עַל הַמִּחְיָה ועַל הַכַּלְכָּלָה, וְעַל תְּנוּבַת הַשָּׂדֶה, וְעַל אֶרֶץ חֶמְדָּה, טוֹבָה וּרְחָבָה, שֶׁרָצִיתָ וְהִנְחַלְתָּ לַאֲבוֹתֵינוּ, לֶאֱכוֹל מִפִּרְיָהּ, וְלִשְׂבֹּעַ מִטּוּבָהּ. רַחֵם יְהֹוָה אֱלֹהֵינוּ עָלֵינוּ, וְעַל יִשְׂרָאֵל עַמֶּךָ, וְעַל יְרוּשָׁלַיִם עִירֶךָ, וְעַל הַר צִיּוֹן מִשְׁכַּן כְּבוֹדֶךָ, וְעַל מִזְבְּחָךְ, וְעַל הֵיכָלָךְ, וּבְנֵה יְרוּשָׁלַיִם עִיר הַקֹּדֶשׁ, בִּמְהֵרָה בְיָמֵינוּ, וְהַעֲלֵנוּ לְתוֹכָהּ, וְשַׂמְּחֵנוּ בְּבִנְיָנָהּ, וּנְבָרֶכְךָ עָלֶיהָ בִּקְדֻשָּׁה וּבְטָהֳרָה

מַזְכִּירִין בּוֹ מֵעֵין הַמְּאֹרָע בְּשַׁבָּת וְיוֹם טוֹב וְרֹאשׁ חֹדֶשׁ (ש"ע א"ח רח:יב).

בשבת:

וּרְצֵה וְהַחֲלִיצֵנוּ בְּיוֹם הַשַּׁבָּת הַזֶּה

בראש חודש:

וְזָכְרֵנוּ לְטוֹבָה בְּיוֹם רֹאשׁ הַחֹדֶשׁ הַזֶּה

בראש השנה:

וְזָכְרֵנוּ לְטוֹבָה בְּיוֹם הַזִּכָּרוֹן הַזֶּה. בְּיוֹם טוֹב מִקְרָא קֹדֶשׁ הַזֶּה

בפסח:

y alégranos en el día de esta Festividad del Pan Ácimo, en el día festivo de esta santa convocación.

En los días intermedios entre el primer y último día de la Festividad de Pesaj –*Jol Hamoed*– **se agrega:**
y alégranos en el día de esta Festividad del Pan Ácimo, en el día de esta santa convocación.

En la Festividad de Shavuot se agrega:
y alégranos en el día de esta Festividad de Shavuot, en el día festivo de esta santa convocación.

En la Festividad de Sucot se agrega:
y alégranos en el día de esta Festividad de Sucot, en el día festivo de esta santa convocación.

En los días intermedios entre el primer y último día de la Festividad de Sucot –*Jol Hamoed*– **se agrega:**
y alégranos en el día de esta Festividad de Sucot, en el día de esta santa convocación.

En la Festividad de Simja Torá y Sheminí Atzeret se agrega:
y alégranos en el día de esta Festividad de Sheminí Atzeret, en el día festivo de esta santa convocación.

Pues Tú El Eterno eres bueno y haces el bien a todos, y te agradecemos (El Eterno, Dios nuestro) por la tierra y por las frutas. Bendito eres Tú, El Eterno, por la tierra y por las frutas.

וְשַׂמְּחֵנוּ בּיוֹם חַג הַמַּצּוֹת הַזֶּה בְּיוֹם טוֹב מִקְרָא קֹדֶשׁ הַזֶּה

בחול המועד פסח:

וְשַׂמְּחֵנוּ בּיוֹם חַג הַמַּצּוֹת הַזֶּה בְּיוֹם מִקְרָא קֹדֶשׁ הַזֶּה

בשבועות:

וְשַׂמְּחֵנוּ בּיוֹם חַג הַשָּׁבוּעוֹת הַזֶּה בְּיוֹם טוֹב מִקְרָא קֹדֶשׁ הַזֶּה

בסוכות:

וְשַׂמְּחֵנוּ בּיוֹם חַג הַסֻּכּוֹת הַזֶּה בְּיוֹם טוֹב מִקְרָא קֹדֶשׁ הַזֶּה

בחול המועד סוכות:

וְשַׂמְּחֵנוּ בּיוֹם חַג הַסֻּכּוֹת הַזֶּה בְּיוֹם מִקְרָא קֹדֶשׁ הַזֶּה

בשמיני עצרת:

בּיוֹם שְׁמִינִי חַג עְצֶרֶת הַזֶּה בְּיוֹם טוֹב מִקְרָא קֹדֶשׁ הַזֶּה

כִּי אַתָּה טוֹב וּמֵטִיב לַכֹּל, וְנוֹדֶה לְךָ [יְהֹוָה אֱלֹהֵינוּ] עַל הָאָרֶץ וְעַל הַמִּחְיָה וְעַל הַכַּלְכָּלָה. בָּרוּךְ אַתָּה יְהֹוָה , עַל הָאָרֶץ וְעַל הַמִּחְיָה.

Bendición Final por el Vino

Si bebió al menos 86 centímetros cúbicos de vino (tal como ya hemos dicho al final de Birkat Hamazón), recita la bendición final para después de beber vino:

Bendito eres Tú, El Eterno, Dios nuestro, Rey del universo, por la vid, y por el fruto de la vid, y por el producto del campo, y por la tierra preciada, buena y amplia que has querido y dado en heredad a nuestros antepasados, para comer de su fruto y saciarse con su bondad. El Eterno, Dios nuestro, ten misericordia de nosotros, de Israel, tu pueblo, y de Jerusalén, tu ciudad, y del Monte de Tzión, la morada de tu Gloria, de tu Altar y de tu Templo. Y reconstruye a Jerusalén, la ciudad santa, pronto en nuestros días, y haznos entrar en su interior, y alégranos con su reconstrucción, y te bendeciremos por ella con santidad y con pureza

En Shabat se agrega:
y acepta y fortifícanos, en este día de Shabat

En el comienzo de mes –*Rosh Jodesh*– se agrega:
y recuérdanos para bien en el día de este comienzo de mes

En Rosh Hashaná se agrega:
y recuérdanos para bien en este Día del Recuerdo, en el día festivo de esta santa convocación.

En la Festividad de Pesaj se agrega:
y alégranos en el día de esta Festividad del Pan Ácimo, en el día festivo de esta santa convocación.

ברכה על הגפן

בָּרוּךְ אַתָּה יְהֹוָה, אֱלֹהֵינוּ מֶלֶךְ הָעוֹלָם, עַל הַגֶּפֶן וְעַל פְּרִי הַגֶּפֶן, וְעַל תְּנוּבַת הַשָּׂדֶה, וְעַל אֶרֶץ חֶמְדָּה, טוֹבָה וּרְחָבָה, שֶׁרָצִיתָ וְהִנְחַלְתָּ לַאֲבוֹתֵינוּ, לֶאֱכוֹל מִפִּרְיָהּ, וְלִשְׂבֹּעַ מִטּוּבָהּ. רַחֵם יְהֹוָה אֱלֹהֵינוּ עָלֵינוּ, וְעַל יִשְׂרָאֵל עַמֶּךָ, וְעַל יְרוּשָׁלַיִם עִירֶךָ, וְעַל הַר צִיּוֹן מִשְׁכַּן כְּבוֹדֶךָ, וְעַל מִזְבְּחָךְ, וְעַל הֵיכָלָךְ, וּבְנֵה יְרוּשָׁלַיִם עִיר הַקֹּדֶשׁ, בִּמְהֵרָה בְיָמֵינוּ, וְהַעֲלֵנוּ לְתוֹכָהּ, וְשַׂמְּחֵנוּ בְּבִנְיָנָהּ, וּנְבָרֶכְךָ עָלֶיהָ בִּקְדֻשָּׁה וּבְטָהֳרָה

מַזְכִּירִין בּוֹ מֵעֵין הַמְּאֹרָע בְּשַׁבָּת וְיוֹם טוֹב וְרֹאשׁ חֹדֶשׁ (ש"ע א"ח רח:יב).

בשבת:

וּרְצֵה וְהַחֲלִיצֵנוּ בְּיוֹם הַשַּׁבָּת הַזֶּה

בראש חודש:

וְזָכְרֵנוּ לְטוֹבָה בְּיוֹם רֹאשׁ הַחֹדֶשׁ הַזֶּה

בראש השנה:

וְזָכְרֵנוּ לְטוֹבָה בְּיוֹם הַזִּכָּרוֹן הַזֶּה. בְּיוֹם טוֹב מִקְרָא קֹדֶשׁ הַזֶּה

בפסח:

וְשַׂמְּחֵנוּ בְּיוֹם חַג הַמַּצּוֹת הַזֶּה בְּיוֹם טוֹב מִקְרָא קֹדֶשׁ הַזֶּה

> **En los días intermedios entre el primer y último día de la Festividad de Pesaj** *–Jol Hamoed–* **se agrega:**
> y alégranos en el día de esta Festividad del Pan Ácimo, en el día de esta santa convocación.
>
> **En la Festividad de Shavuot se agrega:**
> y alégranos en el día de esta Festividad de Shavuot, en el día festivo de esta santa convocación.
>
> **En la Festividad de Sucot se agrega:**
> y alégranos en el día de esta Festividad de Sucot, en el día festivo de esta santa convocación.
>
> **En los días intermedios entre el primer y último día de la Festividad de Sucot** *–Jol Hamoed–* **se agrega:**
> y alégranos en el día de esta Festividad de Sucot, en el día de esta santa convocación.
>
> **En la Festividad de Simja Torá y Sheminí Atzeret se agrega:**
> y alégranos en el día de esta Festividad de Sheminí Atzeret, en el día festivo de esta santa convocación.

Pues Tú El Eterno eres bueno y haces el bien a todos, y te agradecemos (El Eterno, Dios nuestro) por la tierra y por el fruto de la vid. Bendito eres Tú, El Eterno, por la tierra y por el fruto de la vid.

בחול המועד פסח:

וְשַׂמְּחֵנוּ בְּיוֹם חַג הַמַּצּוֹת הַזֶּה בְּיוֹם מִקְרָא קֹדֶשׁ הַזֶּה

בשבועות:

וְשַׂמְּחֵנוּ בְּיוֹם חַג הַשָּׁבוּעוֹת הַזֶּה בְּיוֹם טוֹב מִקְרָא קֹדֶשׁ הַזֶּה

בסוכות:

וְשַׂמְּחֵנוּ בְּיוֹם חַג הַסֻּכּוֹת הַזֶּה בְּיוֹם טוֹב מִקְרָא קֹדֶשׁ הַזֶּה

בחול המועד סוכות:

וְשַׂמְּחֵנוּ בְּיוֹם חַג הַסֻּכּוֹת הַזֶּה בְּיוֹם מִקְרָא קֹדֶשׁ הַזֶּה

בשמיני עצרת:

בְּיוֹם שְׁמִינִי חַג עֲצֶרֶת הַזֶּה בְּיוֹם טוֹב מִקְרָא קֹדֶשׁ הַזֶּה

כִּי אַתָּה טוֹב וּמֵטִיב לַכֹּל, וְנוֹדֶה לְךָ [יְהֹוָה אֱלֹהֵינוּ] עַל הָאָרֶץ וְעַל פְּרִי הַגָּפֶן. בָּרוּךְ אַתָּה יְהֹוָה , עַל הָאָרֶץ וְעַל פְּרִי הַגָּפֶן.

Bendición Final Combinada

Si comió (al menos 27 gramos) de productos elaborados con harina de trigo, cebada, espelta, avena o centeno, que no son pan, (por ejemplo pastelillos de dulce), y también bebió vino, y también comió frutas con las que fue alabada la Tierra de Israel (uvas, higos, granadas, aceitunas, o dátiles), recita esta bendición:

Bendito eres Tú, El Eterno, Dios nuestro, Rey del universo, por el mantenimiento y por el sustento, por la vid, y por el fruto de la vid, por el árbol, y por el fruto del árbol, y por el producto del campo, y por la tierra preciada, buena y amplia que has querido y dado en heredad a nuestros antepasados, para comer de su fruto y saciarse con su bondad. El Eterno, Dios nuestro, ten misericordia de nosotros, de Israel, tu pueblo, y de Jerusalén, tu ciudad, y del Monte de Tzión, la morada de tu Gloria, de tu Altar y de tu Templo. Y reconstruye a Jerusalén, la ciudad santa, pronto en nuestros días, y haznos entrar en su interior, y alégranos con su reconstrucción, y te bendeciremos por ella con santidad y con pureza

> **En Shabat se agrega:**
> y acepta y fortifícanos, en este día de Shabat
>
> **En el comienzo de mes –*Rosh Jodesh*– se agrega:**
> y recuérdanos para bien en el día de este comienzo de mes
>
> **En Rosh Hashaná se agrega:**
> y recuérdanos para bien en este Día del Recuerdo, en el día festivo de esta santa convocación.

ברכה מעין שלש לפרות מחמשת המינים, מזונות ויין

אִם אָכַל פֵּרוֹת מִז' מִינִים וְאָכַל מִינֵי מְזוֹנוֹת וְשָׁתָה יַיִן, יִכְלֹל הַכֹּל בִּבְרָכָה אַחַת, וְיַקְדִּים הַמִּחְיָה וְאַחַר כָּךְ הַגֶּפֶן וְאַחַר כָּךְ הָעֵץ, וְיֹאמַר: עַל הַמִּחְיָה וְעַל הַכַּלְכָּלָה וְעַל הַגֶּפֶן וְעַל פְּרִי הַגֶּפֶן וְעַל הָעֵץ וְעַל פְּרִי הָעֵץ, וְחוֹתֵם: עַל הָאָרֶץ וְעַל הַמִּחְיָה וְעַל פְּרִי הַגֶּפֶן וְעַל הַפֵּרוֹת (ש"ע א"ח רח:יב).

בָּרוּךְ אַתָּה יְהֹוָה, אֱלֹהֵינוּ מֶלֶךְ הָעוֹלָם, עַל עַל הַמִּחְיָה וְעַל הַכַּלְכָּלָה וְעַל הַגֶּפֶן וְעַל פְּרִי הַגֶּפֶן וְעַל הָעֵץ וְעַל פְּרִי הָעֵץ, וְעַל תְּנוּבַת הַשָּׂדֶה, וְעַל אֶרֶץ חֶמְדָּה, טוֹבָה וּרְחָבָה, שֶׁרָצִיתָ וְהִנְחַלְתָּ לַאֲבוֹתֵינוּ, לֶאֱכוֹל מִפִּרְיָהּ, וְלִשְׂבֹּעַ מִטּוּבָהּ. רַחֵם יְהֹוָה אֱלֹהֵינוּ עָלֵינוּ, וְעַל יִשְׂרָאֵל עַמֶּךָ, וְעַל יְרוּשָׁלַיִם עִירֶךָ, וְעַל הַר צִיּוֹן מִשְׁכַּן כְּבוֹדֶךָ, וְעַל מִזְבְּחֶךָ, וְעַל הֵיכָלֶךָ, וּבְנֵה יְרוּשָׁלַיִם עִיר הַקֹּדֶשׁ, בִּמְהֵרָה בְיָמֵינוּ, וְהַעֲלֵנוּ לְתוֹכָהּ, וְשַׂמְּחֵנוּ בְּבִנְיָנָהּ, וּנְבָרֶכְךָ עָלֶיהָ בִּקְדֻשָּׁה וּבְטָהֳרָה

מַזְכִּירִין בּוֹ מֵעֵין הַמְּאֹרָע בְּשַׁבָּת וְיוֹם טוֹב וְרֹאשׁ חֹדֶשׁ (ש"ע א"ח רח:יב).

בשבת:

וּרְצֵה וְהַחֲלִיצֵנוּ בְּיוֹם הַשַּׁבָּת הַזֶּה

בראש חודש:

וְזָכְרֵנוּ לְטוֹבָה בְּיוֹם רֹאשׁ הַחֹדֶשׁ הַזֶּה

בראש השנה:

וְזָכְרֵנוּ לְטוֹבָה בְּיוֹם הַזִּכָּרוֹן הַזֶּה. בְּיוֹם טוֹב מִקְרָא קֹדֶשׁ הַזֶּה

En la Festividad de Pesaj se agrega:

y alégranos en el día de esta Festividad del Pan Ácimo, en el día festivo de esta santa convocación.

En los días intermedios entre el primer y último día de la Festividad de Pesaj –*Jol Hamoed*– se agrega:

y alégranos en el día de esta Festividad del Pan Ácimo, en el día de esta santa convocación.

En la Festividad de Shavuot se agrega:

y alégranos en el día de esta Festividad de Shavuot, en el día festivo de esta santa convocación.

En la Festividad de Sucot se agrega:

y alégranos en el día de esta Festividad de Sucot, en el día festivo de esta santa convocación.

En los días intermedios entre el primer y último día de la Festividad de Sucot –*Jol Hamoed*– se agrega:

y alégranos en el día de esta Festividad de Sucot, en el día de esta santa convocación.

En la Festividad de Simja Torá y Sheminí Atzeret se agrega:

y alégranos en el día de esta Festividad de Sheminí Atzeret, en el día festivo de esta santa convocación.

Pues Tú El Eterno eres bueno y haces el bien a todos, y te agradecemos (El Eterno, Dios nuestro) por la tierra, y por el mantenimiento, y por el fruto de la vid, y por las frutas. Bendito eres Tú, El Eterno, por la tierra, y por el mantenimiento, y por el fruto de la vid, y por las frutas.

בפסח:
וְשַׂמְּחֵנוּ בְּיוֹם חַג הַמַּצּוֹת הַזֶּה בְּיוֹם טוֹב מִקְרָא קֹדֶשׁ הַזֶּה

בחול המועד פסח:
וְשַׂמְּחֵנוּ בְּיוֹם חַג הַמַּצּוֹת הַזֶּה בְּיוֹם מִקְרָא קֹדֶשׁ הַזֶּה

בשבועות:
וְשַׂמְּחֵנוּ בְּיוֹם חַג הַשָּׁבוּעוֹת הַזֶּה בְּיוֹם טוֹב מִקְרָא קֹדֶשׁ הַזֶּה

בסוכות:
וְשַׂמְּחֵנוּ בְּיוֹם חַג הַסֻּכּוֹת הַזֶּה בְּיוֹם טוֹב מִקְרָא קֹדֶשׁ הַזֶּה

בחול המועד סוכות:
וְשַׂמְּחֵנוּ בְּיוֹם חַג הַסֻּכּוֹת הַזֶּה בְּיוֹם מִקְרָא קֹדֶשׁ הַזֶּה

בשמיני עצרת:
בְּיוֹם שְׁמִינִי חַג עֲצֶרֶת הַזֶּה בְּיוֹם טוֹב מִקְרָא קֹדֶשׁ הַזֶּה

כִּי אַתָּה טוֹב וּמֵטִיב לַכֹּל, וְנוֹדֶה לְךָ [יְהוָה אֱלֹהֵינוּ] עַל הָאָרֶץ וְעַל הַמִּחְיָה וְעַל פְּרִי הַגֶּפֶן וְעַל הַפֵּרוֹת. בָּרוּךְ אַתָּה יְהוָה עַל הָאָרֶץ וְעַל הַמִּחְיָה וְעַל פְּרִי הַגֶּפֶן וְעַל הַפֵּרוֹת.

BENDICIÓN PARA DESPUÉS DE COMER PAN

Bendición Final Combinada: *Mezonot* y Vino

Si comió (al menos 27 gramos) de productos elaborados con harina de trigo, cebada, espelta, avena o centeno, que no son pan, (por ejemplo pastelillos de dulce), y también bebió vino, y también comió frutas con las que fue alabada la Tierra de Israel (uvas, higos, granadas, aceitunas, o dátiles), recita esta bendición:

Bendito eres Tú, El Eterno, Dios nuestro, Rey del universo, por el mantenimiento y por el sustento, por la vid, y por el fruto de la vid, y por el producto del campo, y por la tierra preciada, buena y amplia que has querido y dado en heredad a nuestros antepasados, para comer de su fruto y saciarse con su bondad. El Eterno, Dios nuestro, ten misericordia de nosotros, de Israel, tu pueblo, y de Jerusalén, tu ciudad, y del Monte de Tzión, la morada de tu Gloria, de tu Altar y de tu Templo. Y reconstruye a Jerusalén, la ciudad santa, pronto en nuestros días, y haznos entrar en su interior, y alégranos con su reconstrucción, y te bendeciremos por ella con santidad y con pureza

> **En Shabat se agrega:**
> y acepta y fortifícanos, en este día de Shabat
>
> **En el comienzo de mes –*Rosh Jodesh*– se agrega:**
> y recuérdanos para bien en el día de este comienzo de mes
>
> **En Rosh Hashaná se agrega:**
> y recuérdanos para bien en este Día del Recuerdo, en el día festivo de esta santa convocación.

ברכה מעין שלש לפרות מחמשת המינים, מזונות ויין

אִם אָכַל פֵּרוֹת מִז' מִינִים וְאָכַל מִינֵי מְזוֹנוֹת וְשָׁתָה יַיִן, יִכְלֹל הַכֹּל בִּבְרָכָה אַחַת, וַיַקְדִּים הַמִּחְיָה וְאַחַר כָּךְ הַגֶּפֶן וְאַחַר כָּךְ הָעֵץ, וְיֹאמַר: עַל הַמִּחְיָה וְעַל הַכַּלְכָּלָה וְעַל הַגֶּפֶן וְעַל פְּרִי הַגֶּפֶן וְעַל הָעֵץ וְעַל פְּרִי הָעֵץ, וְחוֹתֵם: עַל הָאָרֶץ וְעַל הַמִּחְיָה וְעַל פְּרִי הַגֶּפֶן וְעַל הַפֵּרוֹת (ש"ע א"ח רח:יב).

בָּרוּךְ אַתָּה יְהֹוָה, אֱלֹהֵינוּ מֶלֶךְ הָעוֹלָם, עַל עַל הַמִּחְיָה וְעַל הַכַּלְכָּלָה וְעַל הַגֶּפֶן וְעַל פְּרִי הַגֶּפֶן, וְעַל תְּנוּבַת הַשָּׂדֶה, וְעַל אֶרֶץ חֶמְדָּה, טוֹבָה וּרְחָבָה, שֶׁרָצִיתָ וְהִנְחַלְתָּ לַאֲבוֹתֵינוּ, לֶאֱכוֹל מִפִּרְיָהּ, וְלִשְׂבֹּעַ מִטּוּבָהּ. רַחֵם יְהֹוָה אֱלֹהֵינוּ עָלֵינוּ, וְעַל יִשְׂרָאֵל עַמֶּךָ, וְעַל יְרוּשָׁלַיִם עִירֶךָ, וְעַל הַר צִיּוֹן מִשְׁכַּן כְּבוֹדֶךָ, וְעַל מִזְבְּחָךְ, וְעַל הֵיכָלָךְ, וּבְנֵה יְרוּשָׁלַיִם עִיר הַקֹּדֶשׁ, בִּמְהֵרָה בְיָמֵינוּ, וְהַעֲלֵנוּ לְתוֹכָהּ, וְשַׂמְּחֵנוּ בְּבִנְיָנָהּ, וּנְבָרֶכְךָ עָלֶיהָ בִּקְדֻשָּׁה וּבְטָהֳרָה

מַזְכִּירִין בּוֹ מֵעֵין הַמְּאֹרָע בְּשַׁבָּת וְיוֹם טוֹב וְרֹאשׁ חֹדֶשׁ (ש"ע א"ח רח:יב).

בשבת:

וּרְצֵה וְהַחֲלִיצֵנוּ בְּיוֹם הַשַּׁבָּת הַזֶּה

בראש חודש:

וְזָכְרֵנוּ לְטוֹבָה בְּיוֹם רֹאשׁ הַחֹדֶשׁ הַזֶּה

בראש השנה:

וְזָכְרֵנוּ לְטוֹבָה בְּיוֹם הַזִּכָּרוֹן הַזֶּה. בְּיוֹם טוֹב מִקְרָא קֹדֶשׁ הַזֶּה

En la Festividad de Pesaj se agrega:

y alégranos en el día de esta Festividad del Pan Ácimo, en el día festivo de esta santa convocación.

En los días intermedios entre el primer y último día de la Festividad de Pesaj –*Jol Hamoed*– se agrega:

y alégranos en el día de esta Festividad del Pan Ácimo, en el día de esta santa convocación.

En la Festividad de Shavuot se agrega:

y alégranos en el día de esta Festividad de Shavuot, en el día festivo de esta santa convocación.

En la Festividad de Sucot se agrega:

y alégranos en el día de esta Festividad de Sucot, en el día festivo de esta santa convocación.

En los días intermedios entre el primer y último día de la Festividad de Sucot –*Jol Hamoed*– se agrega:

y alégranos en el día de esta Festividad de Sucot, en el día de esta santa convocación.

En la Festividad de Simja Torá y Sheminí Atzeret se agrega:

y alégranos en el día de esta Festividad de Sheminí Atzeret, en el día festivo de esta santa convocación.

Pues Tú El Eterno eres bueno y haces el bien a todos, y te agradecemos (El Eterno, Dios nuestro) por la tierra, y por el mantenimiento, y por el fruto de la vid. Bendito eres Tú, El Eterno, por la tierra, y por el mantenimiento, y por el fruto de la vid.

בפסח:

וְשַׂמְּחֵנוּ בְּיוֹם חַג הַמַּצּוֹת הַזֶּה בְּיוֹם טוֹב מִקְרָא קֹדֶשׁ הַזֶּה

בחול המועד פסח:

וְשַׂמְּחֵנוּ בְּיוֹם חַג הַמַּצּוֹת הַזֶּה בְּיוֹם מִקְרָא קֹדֶשׁ הַזֶּה

בשבועות:

וְשַׂמְּחֵנוּ בְּיוֹם חַג הַשָּׁבוּעוֹת הַזֶּה בְּיוֹם טוֹב מִקְרָא קֹדֶשׁ הַזֶּה

בסוכות:

וְשַׂמְּחֵנוּ בְּיוֹם חַג הַסֻּכּוֹת הַזֶּה בְּיוֹם טוֹב מִקְרָא קֹדֶשׁ הַזֶּה

בחול המועד סוכות:

וְשַׂמְּחֵנוּ בְּיוֹם חַג הַסֻּכּוֹת הַזֶּה בְּיוֹם מִקְרָא קֹדֶשׁ הַזֶּה

בשמיני עצרת:

בְּיוֹם שְׁמִינִי חַג עֲצֶרֶת הַזֶּה בְּיוֹם טוֹב מִקְרָא קֹדֶשׁ הַזֶּה

כִּי אַתָּה טוֹב וּמֵטִיב לַכֹּל, וְנוֹדֶה לְךָ [יְהֹוָה אֱלֹהֵינוּ] עַל הָאָרֶץ וְעַל הַמִּחְיָה וְעַל פְּרִי הַגֶּפֶן. בָּרוּךְ אַתָּה יְהֹוָה עַל הָאָרֶץ וְעַל הַמִּחְיָה וְעַל פְּרִי הַגֶּפֶן.

Bendición Final Combinada: *Mezonot* y Frutas Especiales

Si comió (al menos 27 gramos) de productos elaborados con harina de trigo, cebada, espelta, avena o centeno, que no son pan, (por ejemplo pastelillos de dulce), y también comió frutas con las que fue alabada la Tierra de Israel (uvas, higos, granadas, aceitunas, o dátiles), recita esta bendición:

Bendito eres Tú, El Eterno, Dios nuestro, Rey del universo, por el mantenimiento y por el sustento, por el árbol, y por el fruto del árbol, y por el producto del campo, y por la tierra preciada, buena y amplia que has querido y dado en heredad a nuestros antepasados, para comer de su fruto y saciarse con su bondad. El Eterno, Dios nuestro, ten misericordia de nosotros, de Israel, tu pueblo, y de Jerusalén, tu ciudad, y del Monte de Tzión, la morada de tu Gloria, de tu Altar y de tu Templo. Y reconstruye a Jerusalén, la ciudad santa, pronto en nuestros días, y haznos entrar en su interior, y alégranos con su reconstrucción, y te bendeciremos por ella con santidad y con pureza

En Shabat se agrega:
y acepta y fortifícanos, en este día de Shabat

En el comienzo de mes *–Rosh Jodesh–* **se agrega:**
y recuérdanos para bien en el día de este comienzo de mes

En Rosh Hashaná se agrega:
y recuérdanos para bien en este Día del Recuerdo, en el día festivo de esta santa convocación.

ברכה מעין שלש לפרות מחמשת המינים, מזונות ויין

אִם אָכַל פֵּרוֹת מִז' מִינִים וְאָכַל מִינֵי מְזוֹנוֹת וְשָׁתָה יַיִן, יִכְלֹל הַכֹּל בִּבְרָכָה אַחַת, וַיַקְדִים הַמִּחְיָה וְאַחַר כָּךְ הַגֶּפֶן וְאַחַר כָּךְ הָעֵץ, וְיֹאמַר: עַל הַמִּחְיָה וְעַל הַכַּלְכָּלָה וְעַל הַגֶּפֶן וְעַל פְּרִי הַגֶּפֶן וְעַל הָעֵץ וְעַל פְּרִי הָעֵץ, וְחוֹתֵם: עַל הָאָרֶץ וְעַל הַמִּחְיָה וְעַל פְּרִי הַגֶּפֶן וְעַל הַפֵּרוֹת (ש"ע א"ח רח:יב).

בָּרוּךְ אַתָּה יְהֹוָה, אֱלֹהֵינוּ מֶלֶךְ הָעוֹלָם, עַל עַל הַמִּחְיָה וְעַל הַכַּלְכָּלָה וְעַל הָעֵץ וְעַל פְּרִי הָעֵץ, וְעַל תְּנוּבַת הַשָּׂדֶה, וְעַל אֶרֶץ חֶמְדָּה, טוֹבָה וּרְחָבָה, שֶׁרָצִיתָ וְהִנְחַלְתָּ לַאֲבוֹתֵינוּ, לֶאֱכוֹל מִפִּרְיָהּ, וְלִשְׂבֹּעַ מִטּוּבָהּ. רַחֵם יְהֹוָה אֱלֹהֵינוּ עָלֵינוּ, וְעַל יִשְׂרָאֵל עַמֶּךָ, וְעַל יְרוּשָׁלַיִם עִירֶךָ, וְעַל הַר צִיּוֹן מִשְׁכַּן כְּבוֹדֶךָ, וְעַל מִזְבְּחָךְ, וְעַל הֵיכָלֶךָ, וּבְנֵה יְרוּשָׁלַיִם עִיר הַקֹּדֶשׁ, בִּמְהֵרָה בְיָמֵינוּ, וְהַעֲלֵנוּ לְתוֹכָהּ, וְשַׂמְּחֵנוּ בְּבִנְיָנָהּ, וּנְבָרֶכְךָ עָלֶיהָ בִּקְדֻשָּׁה וּבְטָהֳרָה

מַזְכִּירִין בּוֹ מֵעֵין הַמְּאֹרָע בְּשַׁבָּת וְיוֹם טוֹב וְרֹאשׁ חֹדֶשׁ (ש"ע א"ח רח:יב).

בשבת:

וּרְצֵה וְהַחֲלִיצֵנוּ בְּיוֹם הַשַּׁבָּת הַזֶּה

בראש חודש:

וְזָכְרֵנוּ לְטוֹבָה בְּיוֹם רֹאשׁ הַחֹדֶשׁ הַזֶּה

בראש השנה:

וְזָכְרֵנוּ לְטוֹבָה בְּיוֹם הַזִּכָּרוֹן הַזֶּה. בְּיוֹם טוֹב מִקְרָא קֹדֶשׁ הַזֶּה

En la Festividad de Pesaj se agrega:

y alégranos en el día de esta Festividad del Pan Ácimo, en el día festivo de esta santa convocación.

En los días intermedios entre el primer y último día de la Festividad de Pesaj –*Jol Hamoed*– se agrega:

y alégranos en el día de esta Festividad del Pan Ácimo, en el día de esta santa convocación.

En la Festividad de Shavuot se agrega:

y alégranos en el día de esta Festividad de Shavuot, en el día festivo de esta santa convocación.

En la Festividad de Sucot se agrega:

y alégranos en el día de esta Festividad de Sucot, en el día festivo de esta santa convocación.

En los días intermedios entre el primer y último día de la Festividad de Sucot –*Jol Hamoed*– se agrega:

y alégranos en el día de esta Festividad de Sucot, en el día de esta santa convocación.

En la Festividad de Simja Torá y Sheminí Atzeret se agrega:

y alégranos en el día de esta Festividad de Sheminí Atzeret, en el día festivo de esta santa convocación.

Pues Tú El Eterno eres bueno y haces el bien a todos, y te agradecemos (El Eterno, Dios nuestro) por la tierra, y por el mantenimiento, y por las frutas. Bendito eres Tú, El Eterno, por la tierra, y por el mantenimiento y por las frutas.

בפסח:
וְשַׂמְּחֵנוּ בְּיוֹם חַג הַמַּצּוֹת הַזֶּה בְּיוֹם טוֹב מִקְרָא קֹדֶשׁ הַזֶּה

בחול המועד פסח:
וְשַׂמְּחֵנוּ בְּיוֹם חַג הַמַּצּוֹת הַזֶּה בְּיוֹם מִקְרָא קֹדֶשׁ הַזֶּה

בשבועות:
וְשַׂמְּחֵנוּ בְּיוֹם חַג הַשָּׁבוּעוֹת הַזֶּה בְּיוֹם טוֹב מִקְרָא קֹדֶשׁ הַזֶּה

בסוכות:
וְשַׂמְּחֵנוּ בְּיוֹם חַג הַסֻּכּוֹת הַזֶּה בְּיוֹם טוֹב מִקְרָא קֹדֶשׁ הַזֶּה

בחול המועד סוכות:
וְשַׂמְּחֵנוּ בְּיוֹם חַג הַסֻּכּוֹת הַזֶּה בְּיוֹם מִקְרָא קֹדֶשׁ הַזֶּה

בשמיני עצרת:
בְּיוֹם שְׁמִינִי חַג עֲצֶרֶת הַזֶּה בְּיוֹם טוֹב מִקְרָא קֹדֶשׁ הַזֶּה

כִּי אַתָּה טוֹב וּמֵטִיב לַכֹּל, וְנוֹדֶה לְךָ [יְהֹוָה אֱלֹהֵינוּ] עַל הָאָרֶץ וְעַל הַמִּחְיָה וְעַל הַפֵּרוֹת. בָּרוּךְ אַתָּה יְהֹוָה עַל הָאָרֶץ וְעַל הַמִּחְיָה וְעַל הַפֵּרוֹת.

Bendición Final Combinada: Vino y Frutas Especiales

Si bebió vino[22], y también comió (por lo menos 27 gramos de) frutas con las que fue alabada la Tierra de Israel (uvas, higos, granadas, aceitunas, o dátiles), recita esta bendición:

Bendito eres Tú, El Eterno, Dios nuestro, Rey del universo, por la vid, y por el fruto de la vid, por el árbol, y por el fruto del árbol, y por el producto del campo, y por la tierra preciada, buena y amplia que has querido y dado en heredad a nuestros antepasados, para comer de su fruto y saciarse con su bondad. El Eterno, Dios nuestro, ten misericordia de nosotros, de Israel, tu pueblo, y de Jerusalén, tu ciudad, y del Monte de Tzión, la morada de tu Gloria, de tu Altar y de tu Templo. Y reconstruye a Jerusalén, la ciudad santa, pronto en nuestros días, y haznos entrar en su interior, y alégranos con su reconstrucción, y te bendeciremos por ella con santidad y con pureza

En Shabat se agrega:
y acepta y fortifícanos, en este día de Shabat

En el comienzo de mes *–Rosh Jodesh–* **se agrega:**
y recuérdanos para bien en el día de este comienzo de mes

En Rosh Hashaná se agrega:
y recuérdanos para bien en este Día del Recuerdo, en el día festivo de esta santa convocación.

---

[22] Para mencionar al vino en esta bendición debe haber bebido 86 centímetros cúbicos; o al menos el equivalente a 27 gramos.

BIRKAT HAMAZON

ברכה מעין שלש לפרות מחמשת המינים, מזונות ויין

אִם אָכַל פֵּרוֹת מִז' מִינִים וְאָכַל מִינֵי מְזוֹנוֹת וְשָׁתָה יַיִן, יִכְלֹל הַכֹּל בִּבְרָכָה אַחַת, וְיַקְדִּים הַמִּחְיָה וְאַחַר כָּךְ הַגֶּפֶן וְאַחַר כָּךְ הָעֵץ, וְיֹאמַר: עַל הַמִּחְיָה וְעַל הַכַּלְכָּלָה וְעַל הַגֶּפֶן וְעַל פְּרִי הַגֶּפֶן וְעַל הָעֵץ וְעַל פְּרִי הָעֵץ, וְחוֹתֵם: עַל הָאָרֶץ וְעַל הַמִּחְיָה וְעַל פְּרִי הַגֶּפֶן וְעַל הַפֵּרוֹת (ש"ע א"ח רח:יב).

בָּרוּךְ אַתָּה יְהֹוָה, אֱלֹהֵינוּ מֶלֶךְ הָעוֹלָם, עַל הַגֶּפֶן וְעַל פְּרִי הַגֶּפֶן וְעַל הָעֵץ וְעַל פְּרִי הָעֵץ, וְעַל תְּנוּבַת הַשָּׂדֶה, וְעַל אֶרֶץ חֶמְדָּה, טוֹבָה וּרְחָבָה, שֶׁרָצִיתָ וְהִנְחַלְתָּ לַאֲבוֹתֵינוּ, לֶאֱכוֹל מִפִּרְיָהּ, וְלִשְׂבֹּעַ מִטּוּבָהּ. רַחֵם יְהֹוָה אֱלֹהֵינוּ עָלֵינוּ, וְעַל יִשְׂרָאֵל עַמֶּךָ, וְעַל יְרוּשָׁלַיִם עִירָךְ, וְעַל הַר צִיּוֹן מִשְׁכַּן כְּבוֹדָךְ, וְעַל מִזְבְּחָךְ, וְעַל הֵיכָלָךְ, וּבְנֵה יְרוּשָׁלַיִם עִיר הַקֹּדֶשׁ, בִּמְהֵרָה בְיָמֵינוּ, וְהַעֲלֵנוּ לְתוֹכָהּ, וְשַׂמְּחֵנוּ בְּבִנְיָנָהּ, וּנְבָרֶכְךָ עָלֶיהָ בִּקְדֻשָּׁה וּבְטָהֳרָה

מַזְכִּירִין בּוֹ מֵעֵין הַמְּאֹרָע בְּשַׁבָּת וְיוֹם טוֹב וְרֹאשׁ חֹדֶשׁ (ש"ע א"ח רח:יב).

בשבת:

וּרְצֵה וְהַחֲלִיצֵנוּ בְּיוֹם הַשַּׁבָּת הַזֶּה

בראש חודש:

וְזָכְרֵנוּ לְטוֹבָה בְּיוֹם רֹאשׁ הַחֹדֶשׁ הַזֶּה

בראש השנה:

וְזָכְרֵנוּ לְטוֹבָה בְּיוֹם הַזִּכָּרוֹן הַזֶּה. בְּיוֹם טוֹב מִקְרָא קֹדֶשׁ הַזֶּה

En la Festividad de Pesaj se agrega:

y alégranos en el día de esta Festividad del Pan Ácimo, en el día festivo de esta santa convocación.

En los días intermedios entre el primer y último día de la Festividad de Pesaj –*Jol Hamoed*– se agrega:

y alégranos en el día de esta Festividad del Pan Ácimo, en el día de esta santa convocación.

En la Festividad de Shavuot se agrega:

y alégranos en el día de esta Festividad de Shavuot, en el día festivo de esta santa convocación.

En la Festividad de Sucot se agrega:

y alégranos en el día de esta Festividad de Sucot, en el día festivo de esta santa convocación.

En los días intermedios entre el primer y último día de la Festividad de Sucot –*Jol Hamoed*– se agrega:

y alégranos en el día de esta Festividad de Sucot, en el día de esta santa convocación.

En la Festividad de Simja Torá y Sheminí Atzeret se agrega:

y alégranos en el día de esta Festividad de Sheminí Atzeret, en el día festivo de esta santa convocación.

Pues Tú El Eterno eres bueno y haces el bien a todos, y te agradecemos (El Eterno, Dios nuestro) por la tierra, y por el fruto de la vid, y por las frutas. Bendito eres Tú, El Eterno, por la tierra, y por el fruto de la vid, y por las frutas.

בפסח:

וְשַׂמְּחֵנוּ בְּיוֹם חַג הַמַּצּוֹת הַזֶּה בְּיוֹם טוֹב מִקְרָא קֹדֶשׁ הַזֶּה

בחול המועד פסח:

וְשַׂמְּחֵנוּ בְּיוֹם חַג הַמַּצּוֹת הַזֶּה בְּיוֹם מִקְרָא קֹדֶשׁ הַזֶּה

בשבועות:

וְשַׂמְּחֵנוּ בְּיוֹם חַג הַשָּׁבוּעוֹת הַזֶּה בְּיוֹם טוֹב מִקְרָא קֹדֶשׁ הַזֶּה

בסוכות:

וְשַׂמְּחֵנוּ בְּיוֹם חַג הַסֻּכּוֹת הַזֶּה בְּיוֹם טוֹב מִקְרָא קֹדֶשׁ הַזֶּה

בחול המועד סוכות:

וְשַׂמְּחֵנוּ בְּיוֹם חַג הַסֻּכּוֹת הַזֶּה בְּיוֹם מִקְרָא קֹדֶשׁ הַזֶּה

בשמיני עצרת:

בְּיוֹם שְׁמִינִי חַג עֲצֶרֶת הַזֶּה בְּיוֹם טוֹב מִקְרָא קֹדֶשׁ הַזֶּה

כִּי אַתָּה טוֹב וּמֵטִיב לַכֹּל, וְנוֹדֶה לְךָ [יְהֹוָה אֱלֹהֵינוּ] עַל הָאָרֶץ וְעַל פְּרִי הַגֶּפֶן וְעַל הַפֵּרוֹת. בָּרוּךְ אַתָּה יְהֹוָה עַל הָאָרֶץ וְעַל פְּרִי הַגֶּפֶן וְעַל הַפֵּרוֹת.

Bendición Final para Alimentos Varios

Si comió productos que no crecen de la tierra (que no estaban elaborados con harina), vegetales, o frutas de árbol (con excepción de uvas, higos, granadas, aceitunas, y dátiles), o si bebió cualquier bebida (con excepción de vino), se recita esta bendición:

Bendito eres Tú, El Eterno, Dios nuestro, Rey del universo, creador de numerosos seres vivientes, y sus necesidades, por todo lo que has creado para mantener con ello viva al alma de todos los seres vivientes. Bendito eres Tú, que vivifica los mundos.

בורא נפשות

פֵּרוֹת הָאִילָן חוּץ מֵחֲמֵשֶׁת הַמִּינִים, וְכָל פֵּרוֹת אֲדָמָה וִירָקוֹת, וְכָל דָּבָר שֶׁאֵין גִּדּוּלוֹ מִן הָאָרֶץ, בְּרָכָה אַחֲרוֹנָה שֶׁלָּהֶם בּוֹרֵא נְפָשׁוֹת רַבּוֹת; וְאִם אָכַל מִכָּל מִינִים אֵלּוּ, מְבָרֵךְ לְאַחַר כֻּלָּם בְּרָכָה אַחַת, וּבְרָכָה זוֹ חוֹתֵם בָּהּ בְּלֹא שֵׁם, שֶׁיַּחְתֹּם כָּךְ: בָּרוּךְ חַי הָעוֹלָמִים (ש"ע א"ח רז:א).

בָּרוּךְ אַתָּה יְהֹוָה, אֱלֹהֵינוּ מֶלֶךְ הָעוֹלָם, בּוֹרֵא נְפָשׁוֹת רַבּוֹת, וְחֶסְרוֹנָן עַל כָּל מַה שֶּׁבָּרָאתָ, לְהַחֲיוֹת בָּהֶם נֶפֶשׁ כָּל חָי, בָּרוּךְ חַי הָעוֹלָמִים.

BENDICIÓN PARA DESPUÉS DE COMER PAN

CONTACTO

Para enviar vuestros comentarios, sugerencias y opiniones:
contacto@hebraicadigital.com

https://www.facebook.com/hebraicadigital
https://twitter.com/hebraicadigital
http://www.hebraicadigital.com/

69489928R00068

Made in the USA
Middletown, DE
20 September 2019